I0425245

Indústria 4.0:

Democracia-placebo, nos tempos das 'fake news' e das redes sociais

Will Gald

Indústria 4.0:

Democracia-placebo, nos tempos das 'fake news' e das redes sociais

Editora Amazon. Washington/USA. 1ª ed. 2019.
ISBN: 9781097485437

Indústria 4.0:

Democracia-placebo, nos tempos das 'fake news' e das redes sociais

GALD, Will. "Indústria 4.0: Democracia-placebo nos tempos das 'fake news' e das redes sociais" Editora Amazon. Washington/USA. 1ª ed. 2019.

Will Gald, escritor, infoprodutor e conferencista, natural de Kissimmee, Flórida. Casado com uma cidadã espanhola e brasileira. Trabalha online e passa temporadas entre Espanha, Brasil e Estado da Flórida/USA.

Apresentação

Democracia-placebo nos tempos das 'fake news' e das redes sociais é o segundo volume da série Indústria 4.0 e, tal como o primeiro livro *Indústria 4.0: Riqueza, Cidadania e Estado*, está dividido em três Capítulos e cada capítulo em 3 seções.

O **CAPÍTULO 1** é dedicado a revisitar a filosofia do **conhecimento** como ponto de partida para todas as outras incursões propostas neste livro. Com este intuito, sigo as pegadas deixadas por Immanuel Kant, (1724-1804) naquilo que ele designou como juízos sintéticos *a priori* em contraposição aos juízos analíticos *a priori* até chegar ao imperativo categórico como palavra-chave da filosofia moral kantiana.

Para demonstrar a relevância desta revisita ao pensamento kantiano, trago neste mesmo capítulo o tema transversal abordado neste livro que procuro configurar como algo que está se tornando cada vez mais recorrente e que sintetizo com a expressão representativa da **pós-verdade:** a *ignorância como fundamento da verdade.*

Esse aparente contra senso - *em termos* - é explorado a partir de notícias nas quais o próprio leitor pode dimensionar o grau de turbidez original de ideias que se apresentam - *inicialmente e para muitos cidadãos* - como algo lógico e defensável e que, com o passar do tempo, se revelam equívocos decorrentes de estupidez, ódio, preconceitos, histeria, alucinação e ignorância coletivas. Este fenômeno político e cultural recebeu a denominação de pós-verdade.

Neste mesmo capítulo revisito conceitos da Razão Comunicativa de Jürgen Habermas, passando por alguns expoentes do pensamento filosófico desta que é denominada a era do conhecimento.

Com efeito, o uso da razão intersubjetiva exercida com princípios, seria - *e estou seguro que é* - um antídoto aos equívocos coletivos decorrentes da ignorância e da estupidez tão prevalentes nestes tempos de pós-modernidade que carrega, em si, tantas perplexidades e ao mesmo tempo tantas possibilidades: um cenário de múltiplos caminhos, escolhas, equívocos, incertezas e MEDO.

O **CAPÍTULO 2** é reservado à **Pós-Verdade e à política-holofote.** Neste capítulo correlaciono estes dois temas para evidenciar aquilo que muitos já percebem. Vivemos a "era do vazio" dominada pela superficialidade, pelo individualismo exacerbado, pelo culto à personalidade, pela busca sem limites de aceitação, pelo narcisismo, ditado por uma sociedade de consumo aonde tudo e todos se compram e se vendem, tudo, até a consciência e a honra. Abdica-se mais e mais, a cada dia, a condição de cidadãos e passa-se a medíocre posição de consumidores. Por sua vez, os Estados-nação, contaminados pela mesma mediocridade, tendem a desconhecer e, pior ainda, a menosprezar a cidadania-princípio, (conceito lançado neste livro) e, por omissão conveniente ou induzida, abrigam sociedades de consumo, como muito bem constatado por BAUMAN, (*in* Vida para Consumo, 2007, p. 20):

> ... na sociedade de consumidores, ninguém pode se tornar sujeito sem primeiro virar mercadoria, e ninguém pode manter segura sua subjetividade sem reanimar, ressuscitar e recarregar de maneira perpétua as capacidades esperadas e exigidas de uma mercadoria vendável.

Para venderem-se e para comprarem-se, reciprocamente, os "atores principais" deste teatro da vida real chamado política: Estado, Governo e povo (plateia coadjuvante), expõem-se a holofotes. Quanto mais holofotes, melhor: holofotes na miséria, como escárnio à mediocridade humana; holofotes na opulência, como culto à riqueza; holofotes no sucesso e holofotes no insucesso. Holofotes como instrumento na busca de resultados midiáticos, (relativos à mídia) e imediatos (curtíssimo prazo). A política conduzida como tudo-ou-nada, como uma questão de vida ou morte. É o campo preferencial de atuação da cidadania-regra (conceito lançado neste livro). A exposição de tudo e de todos aos holofotes é a marca extrema do individualismo e da crescente perda de referência de uns em relação aos outros.

Somos todos e em todo lugar, consumidores e mercados, mas, contraditoriamente, exigimos, todos, cidadania hígida e participativa e Estados probos e previdentes. Como se poderia alcançar esta mágica? Falta-nos discernimento e sensatez. É urgente que saiamos dos casulos do "eu", da redoma do "eu sozinho", de narcisismo, da "era do vazio". Está área de conforto subjetivo, prevalecente e extrema, é tóxica e mortal!

Neste ritmo, a humanidade assemelha-se, cada vez mais, a uma nuvem de gafanhotos, vivendo o presente com toda a voracidade, sem compromisso com o amanhã. O consumismo a toda potência, o culto à personalidade e a vaidade pessoal estão propensos ao esgotamento, pela falta de percepção do "nós". Enquanto o "eu" contenta-se com o mercado, o "nós" depende do Estado. O equilíbrio desta equação, entre mercado e Estado, tenciona o futuro da humanidade!

Sequer sabemos o legado das gerações passadas, sequer avaliamos o legado que deixaremos às futuras gerações, mas nos comportamos como se fôssemos superiores e únicos. Donos do mundo e detentores da sabedoria. A era do vazio é também a era da soberba, da boçalidade, da indiferença, da devastação do planeta.

Apresento, ao final, uma conclusão com o percurso dos pontos que constituem a linha dorsal do livro: a busca da razão que sempre constituiu-se em balizamento e bússola da humanidade no caminho da ética, está sendo corrompida por falsos juízos, falsas notícias, falsos propósitos que são coletivamente apresentados e aceitos como soluções fáceis para problemas complexos e difíceis. Este caminho tortuoso representa riscos coletivos que devem ser minimizados ou corrigidos pelo resgate da intersubjetividade que Habermas traduz em Razão Comunicativa vocacionada ao aprimoramento do processo democrático e de refundação do Estado-nação, mediante o fortalecimento da cidadania que precisa assumir o desafio de qualificar-se para ultrapassar o estágio atual de cidadania-regra e alcançar o estágio cidadania-princípio, tal como defendo neste livro.

Sem atendimento ao sinal de alerta de Kant, *(Fundamentação da Metafísica dos Costumes, publicada em 1785)* ou seja, sem obediência a princípios éticos e morais, as conquistas democráticas dos Estados-nação-rótulo tendem a desmoronar, como um castelo de areia. A sociedade civil precisa rever-se a si mesma, enquanto há tempo. Porque o homem mantém-se na perspectiva de ser lobo do homem, (*homo homini lupus*) expressão criada por Plauto, (254 - 184 a.C.) e popularizada por Thomas Hobbes, no século XVII.

A sociedade civil, a cidadania, ou Estado-nação ou qualquer coletivo ou grupamento social é vítima das suas mazelas internas, da sua deseducação, da sua falta de cultura, da ausência de princípios e de padrão moral e ético. Neste sentido, o diferencial das redes sociais em relação às mídias convencionais é a velocidade com que se erguem e se destroem propostas políticas fantasiosas e ilusórias, mas essas vivências são nocivas e deixam resíduos que se acumulam em crescente descrédito ao processo de escolha denominado democracia que as mídias convencionais sempre foram hábeis em disfarçar, manipulando e produzindo ela mesma, a "opinião pública".

O **CAPÍTULO 3** concentra-se no esforço intelectual relativo a entender os caminhos da **Democracia**. De fato, a inspiração da humanidade pela busca incessante da sua própria sobrevivência, parece conduzi-la a escolhas coletivas que se constatam pouco racionais quanto à preservação da espécie.

Com base e tendo como objetivo demonstrar está evidência, isto é - *riscos inerentes à preservação da espécie humana* - faço uma digressão sobre conceitos de cidadania classificando-a em duas modalidades: cidadania-**regra** e cidadania-**princípio** em associação aos fundamentos da hermenêutica jurídica que compõem as teses de interpretação constitucional trabalhadas por Ronald Dworkin e Robert Alexy, para, em outra seção assentar a proposta sobre refundação dos Estados-nação constituídos a partir de juízos meramente formais, que designo por Estados-nação-rótulo.

Ao final deste capítulo ensaio um breve resgate sobre a necessidade e urgência de qualificação da democracia na manutenção dos denominados Estados Democráticos de Direito, como aspiração utópica do mundo ocidental.

Com este propósito percebo e ratifico o caminho com potencialidade de reforçar a democracia direta, por meio das redes e mídias sociais com resgate em grande medida na linha de pensamento iniciada por Kant, reconhecendo e propondo a conversão da dualidade representada pelo positivismo e pelo pós-positivismo jurídico de um lado e, de outro lado, pela razão prática, pela intersubjetividade e pela razão comunicativa.

Acredito que o elo perdido está na raiz do enigma decifrado por Immanuel Kant: o conhecimento advindo de juízos analíticos *a priori* é comprovadamente insuficiente, mas nem tudo está perdido: as **Democracias-placebo** estão, assim estou convencido, conceitualmente, em algum ponto do caminho para a construção de **democracias-sustentáveis**.

Acrescentei, a título de informação e como substrato da vida real, dados sobre as democracias de língua portuguesa sobretudo para demonstrar, no decorrer deste livro, que as democracias formais que designo como Democracias-placebo são resquícios bem-sucedidos dos equívocos produzidos pelo Positivismo Jurídico inspirado no pensamento de Hans Kelsen.

Mas, ao contrário de apostar na manutenção da queda de braços representada pela dualidade da filosofia do conhecimento, teoricamente superada por Kant, (juízos analíticos *a priori* e juízos sintéticos *a priori*) proponho neste livro, a busca de consenso mediante processo argumentativo como pretendo demonstrar ao longo deste trabalho para, partindo-se das democracias-placebo tendo por fundamento juízos analíticos *a priori,* chegar-se ao patamar de democracia-sustentável, mediante a utilização de juízos sintéticos *a priori,* consubstanciados em princípios em lugar de regras.

Por fim, reafirmo que, para além de qualquer finalidade ou propósito, cumprir o imperativo categórico como princípio moral e valor social, propicia internalizar na sociedade civil - *como entendo necessário e desejável* - o que atualmente busca-se internalizar, sem sucesso, na estrutura do Estado-nação-rótulo.

Neste mesmo sentido, afirmei em *Indústria 4.0: Riqueza, Cidadania e Estado: O Estado* - [...] - tem desempenhado seu papel histórico em plena sintonia com os interesses do sistema capitalista, tal como, de idêntica forma, atuou em defesa do sistema feudal. Esta é a vocação do Estado: defender o modo de produção da vida material, (infraestrutura) mediante a formatação de uma superestrutura jurídica e política, flexível e tolerante a frequentes mudanças como estratégia para garantir sem alteração o que é **ESSENCIAL: o modo de produção da vida material.**

Flórida, USA, primavera de 2019.

Will Gald

Indústria 4.0:
Democracia-placebo, nos tempos das 'fake news' e das redes sociais

SUMÁRIO

Capítulo 1 - Como conhecer?

Qual a origem do conhecimento? O que é conhecimento? De onde vem o conhecimento? Como se adquire conhecimento? Estas indagações foram e são inquietantes.

Nos séculos XI e XII, portanto em plena era medieval, (*idade das trevas*) foi publicada, como resposta do pensamento filosófico a estas indagações, uma obra intitulada Summa Teológica, de autoria do filósofo católico, São Tomás de Aquino.

Nesta obra, São Tomás de Aquino, enfrenta o desafio de resgatar o pensamento aristotélico e concebe, então, as bases da **filosofia Escolástica**, estruturada no que ele denominou de 5 vias, tendo com objetivos explícitos, provar a existência de Deus e colocar a razão a serviço da fé: 1ª Via – Prova do movimento; 2ª Via – Prova da causalidade eficiente; 3ª Via – Prova da contingência; 4ª Via – Dos graus de perfeição dos entes; 5ª Via – Prova da existência de Deus pelo governo do mundo.

O resgate do pensamento Aristotélico, (384 a.C. - 322 a.C.) realizado por São Tomás de Aquino (1225 a 1274 d.C.) é extremamente relevante por constituir-se em elemento histórico do movimento pré-renascentista, contraditoriamente, iniciado pela Igreja Católica que, ao longo de séculos, impediu o acesso ao legado filosófico e ao conhecimento acumulado até então, durante o período que compreende toda a Idade Média, (séculos V a XV) e que passou para a história como a era da escuridão e sombras ou "Idade das Trevas".

Para os fins propostos neste livro, transcrevo, em breve resumo, as argumentações de São Tomás de Aquino, extraídos de sua obra, Suma Teológica, que, na sua essência, pretendeu colocar a razão a serviço da fé:

1ª Via – Prova do movimento:

> É inegável, e consta pelo testemunho dos sentidos, que no mundo há coisas que se movem. [...]. Por conseguinte, tudo o que se move é movido por outro. Mas, se o que move a outro é, por sua vez, movido, é necessário que o mova um terceiro, e, a este, outro. [...]. Por conseguinte, é necessário chegar a um primeiro motor, que não seja movido por ninguém, e este é o que todos entendem por Deus. ("*Summa* Theologica", I, q. 2, 2.3, primeira parte).

2ª Via – Prova da causalidade eficiente:

A segunda via se funda na causalidade eficiente. Acha-mos que, neste mundo do sensível, há uma ordem determinada entre causas eficientes; não achamos, porém, que coisa seja sua própria causa, pois em tal caso haveria de ser anterior a si mesma, e isto é impossível. [...]. Se pois, se prolongasse indefinidamente a série de causas eficientes, não haveria causa eficiente qualquer, e, portanto, nem efeito último, nem causa eficiente intermédia, coisa falsa desde logo. Por conseguinte, é necessário que exista uma causa eficiente primeira, a que todos chamam Deus. (Tomás de Aquino, q. 2, a. B).

3ª Via – Prova da contingência:

A terceira via considera o ser possível ou contingente, e o necessário, e pode formular-se assim: achamos na natureza coisas que podem existir ou não existir, pois vemos seres que se produzem, e seres que se destroem, e, portanto, há possi-bilidade de que existam e de que não existam. [...]. Por conseguinte, nem todos os seres são possíveis ou contin-gentes, mas entre eles, forçosamente, há de haver algum que seja necessário. [...]. Mas, o ser necessário ou tem a razão de sua necessidade em si mesmo ou não a tem. Se sua necessidade depende de outro, como não é possível, segundo já vimos ao tratar das causas eficientes, aceitar uma série indefinida de coisas neces-sárias, é forçoso que exista algo que seja necessário per si mesmo e que não tenha fora de si a causa de sua necessidade, mas que seja causa da necessidade dos outros, ao qual todos chamam Deus. (Tomás de Aquino, I, q. 2, a. 3).

4ª Via – Dos graus de perfeição dos entes:

A quarta via considera os graus de perfeição que há nos seres. Vemos nos seres que uns são mais ou menos bons, verda-deiros e nobres que outros, e o mesmo sucede com as diversas qualidades. Mas, o mais e o menos se atribuem às coisas, se-gundo sua diversa proximidade ao máximo, e por isto se diz o mais quente do que mais se aproxima ao máximo calor. Por tanto, há de existir algo que seja veríssimo, nobílimo e ótimo, e, por conseguinte, o ser máximo, pois, como diz Aristóteles, o que é verdade máxima, é máxima entidade. Muito bem, o máximo em qualquer gênero é causa de tudo o que naquele gênero existe, e assim, o fogo, que tem o máximo calor, é causa do calor de todo o quente, segundo diz Aristóteles. Existe, por conseguinte, algo que é para todas as coisas causa de seu ser, de sua bondade e de todas as suas perfeições, e ao qual cha-mamos de Deus. (Tomás de Aquino, I.a, q. 2, a. 8).

5ª Via – Prova da existência de Deus pelo governo do mundo:

A quinta via decorre do governo do mundo. Vemos com efeito, que as coisas que carecem de conhecimento, como os corpos naturais, operam por um fim, como se comprova ob-servando que sempre, ou quase sempre, operam da mesma maneira para conseguir o que mais lhes convém; por onde se compreende que não vão ao seu fim, operando ao acaso, mas 'intencionalmente. Muito bem, o que carece de conhecimento, não tende a um fim, se não o dirige alguém que entenda e conheça, à maneira como o arqueiro dirige a flecha. Portan-to, existe um ser inteligente que dirige todas as coisas naturais para o seu fim, e a este chamamos de Deus. (Tomás de Aquino, I, q. 2, a. 3).

A denominação, Escolástica, atribuída a sua filosofia, guarda referência com a busca de interação entre **fé** e **razão**, como fundamento para a obtenção e difusão do conhecimento. Esta corrente filosófica exerceu grande influência nas Universidades Medievais e pode ser considerada como método de pensamento crítico, para os padrões filosóficos da época. A máxima de São Tomás de Aquino era: "**conhecer para crer**", (razão) e "**crer para conhecer**", (fé). A razão a serviço da fé.

Para este filósofo existiam "verdades de razão" e "verdades de fé", ou seja, segundo o pensamento Escolástico, existem coisas que se podem discernir utilizando-se a **fé**, por serem coisas espirituais. No mesmo patamar, segundo o pensamento Escolástico, existem conhecimentos e verdades que são assimilados utilizando-se as faculdades da **razão**.

A filosofia Escolástica representou, nesta perspectiva, o esforço da igreja católica em explicar o mundo pela observação da realidade e, a partir daí, explicar a existência de Deus. A guinada do pensamento deste filósofo em relação ao pensamento de Santo Agostinho consiste em equiparar em um mesmo patamar de relevância - **razão e fé** - como forma de acesso ao conhecimento.

A iniciativa da igreja católica, a partir da criação desta escola, é estabelecer um possível diálogo no mesmo plano horizontal entre o que se entendia por conhecimento, inspirado pela razão, com o conhecimento advindo da fé. Sobretudo esse esforço está baseado na tentativa de conciliação entre o que se conhece pela fé e o que se conhece pela razão. **Razão** advinda dos sentidos e da observação. **Fé** como acesso ao conhecimento pela espiritualidade.

Segundo a linha filosófica tomista, é a razão que fornece ao homem a fundamentação para o bem acreditar e é o bem acreditar que faz com que o homem procure cada vez mais a verdade.

A denominada filosofia Escolástica foi assumida pela Igreja Católica como uma justificativa para ministrar ensinamentos religiosos, sobretudo em reforço a fé, mediante a demonstração de harmonia com conhecimento advindo dos sentidos. Ou seja, pela filosofia Escolástica tenta-se harmonizar, colocando-se em um mesmo patamar horizontal e de igualdade o conhecimento cristão e o conhecimento empírico, isto é, o conhecimento advindo dos sentidos e o conhecimento captado pela fé.

A relevante contribuição de São Tomás de Aquino sobre a teoria do conhecimento serviria de patamar, alguns séculos depois, a outro importante movimento filosófico de caráter laico e científico, que procura distanciar-se dos aspectos religiosos e passa a centrar a discussão do conhecimento sob outros fundamentos, distanciados da percepção religiosa e, portanto, isentos da interferência preponderante da Igreja Católica.

O marco inicial e histórico desta mudança foi denominado movimento renascentista que consistiu na retomada da discussão filosófica da antiguidade, interrompida pelo longo período da "idade das trevas". Para os filósofos renascentistas, a filosofia, as artes e as ciências, regrediram durante a idade média, período medieval, quando comparado ao patamar filosófico alcançado no período da antiguidade, (iniciado no século VII a.C). A dominação religiosa da Igreja Católica, durante a "idade das trevas" impediu o desenvolvimento da razão, criando uma era de atraso e primitivismo. A genialidade de Umberto Eco retrata esta fase de obscurantismo em O nome da Rosa.

Ao renascentismo (releitura dos filósofos da antiguidade) sucedeu o iluminismo, com significado de idade das luzes e da razão que se traduz na aspiração de liberdade política e econômica. Como expressão máxima do iluminismo. Constata-se o nascimento da denominada Revolução Francesa tendo como lema: Liberdade; Igualdade; Fraternidade.

Durante o período Iluminista mais acentuadamente, nos séculos XVII e XVIII, formaram-se duas correntes laicas de debate sobre a fonte originária da obtenção e apreensão do conhecimento: **razão** e **sentidos**.

Os pensadores que defendiam a RAZÃO como fonte originária do conhecimento passaram a se autodenominar RACIONALISTAS e os que entendiam que o conhecimento advém dos sentidos foram denominados EMPIRISTAS.

Entre os empiristas mais notáveis, estão o escocês **David Hume** e o inglês **John Locke** que acreditam que os nossos sentidos são o canal confiável para captar conhecimento daquilo que é perceptível a partir da realidade observável. Uma objeção que se levanta é a diferenciação entre aquilo que se capta a partir dos sentidos, como conhecimento e o que é passível de **convalidação** sobretudo, se se considerar que aquilo que é observado por um indivíduo tem, necessariamente, peculiaridades: está submetido a emoções, pontos de vista, experiências pessoais, em suma, essa forma de conhecimento está submetida a SUBJETIVIDADE, ou seja, varia de acordo com o julgamento de quem conhece.

David Hume, foi considerado o maior nome dentre os empiristas e é tido como empirista radical, porque para ele, todo conhecimento advém dos sentidos por impressões: impressão de sensação ou impressão de reflexão. As do primeiro tipo são impressões transmitidas pelos sentidos, gerando, de forma imediata, ideias que lhes são correspondentes. A do segundo tipo é a impressão interna e nasce sempre de uma ideia já estabelecida na mente. David Hume explica a impressão de reflexão, nos seguintes termos:

> Primeiramente, uma impressão atinge os sentidos, fazendo-nos perceber o calor ou o frio, a sede ou a fome, o prazer ou a dor, de um tipo ou de outro. Em seguida, a **mente** faz uma **cópia dessa impressão**, que permanece mesmo depois que a impressão desaparece e a qual denominamos **ideia**. essa ideia de prazer ou de dor, ao retornar à alma, produz **novas impressões**, de desejo ou aversão, esperança ou medo, que podemos chamar propriamente de **impressões de reflexão**, porque derivadas delas. Essas impressões de reflexão são novamente copiadas pela memória e pela imaginação, convertendo-se em ideias – as quais podem gerar, por sua vez, **outras impressões e ideias**. Desse modo, as impressões de reflexão antecedem apenas suas ideias correspondentes, mas não posteriores às impressões de sensação, e delas derivadas. (Tratado. I. i. 2. p. 32. G.N.).

Todo o conhecimento é, segundo Hume, captado pelos sentidos. Subjetividade é, portanto, a palavra chave que conduziria, alguns séculos depois, a superação do método de **conhecimento empírico** porque os sentidos tem peculiaridades associadas ao observador e à sua relação ou perspectiva com o objeto ou evento submetido à observação depende de peculiaridades subjetivas.

Por seu turno, dentre os RACIONALISTAS destacam-se o francês **René Descartes**, (desenvolvedor do método cartesiano) e o alemão **Gottfried Wilhelm Leibniz**, (matemático, autor da série infinita). Para estes pensadores a razão é o antídoto para a correção das distorções geradas pelos sentidos.

Sob esse aspecto, e para os fins aqui propostos, parece mais razoável compreender que a razão está com os racionalistas e que o verdadeiro conhecimento só é possível mediante a comprovação racional. Ademais, como consequência dos avanços das ciências exatas, os racionalistas são fortemente influenciados por raciocínios e sistemas matemáticos como ferramentas para construção do conhecimento.

Em suma, para os **racionalistas** o conhecimento verdadeiro é puramente intelectual. A experiência sensível precisa ser separada do conhecimento verdadeiro. A fonte do conhecimento é a razão. Para os empiristas o conhecimento se realiza por graus contínuos, desde a sensação até atingir as ideias.

É relevante notar que antes do rigor científico, que seria proposto por René Descartes, havia o caos. A busca de certeza e verdades científicas deixariam de ser pressupostas e seriam submetidas a métodos.

A título de curiosidade registre-se que até o século XVII, alguns "cientistas" como o médico Jean

Baptista van Helmont de Bruxelas defendia a "ideia" de "geração espontânea", ou seja, surgimento de seres vivos a partir de seres inanimados, mediante a combinação de ingredientes e "princípio ativo". Estes experimentos, se e quando repetidos, produziam efeitos idênticos, em qualquer lugar comprovando-se a universidade da descoberta, daí a sua "cientificidade".

Este médico chegou a noticiar a sua descoberta inusitada: o uso de uma caixa, uma camisa com suor e alguns grãos de trigo, produziu como resultado, após 21 dias, ratos. E esta foi a prova da "geração espontânea" que poderia ser reproduzida em qualquer lugar obtendo-se o mesmo resultado: chegando-se, portanto, a tão desejada "lei universal" obtida por meio "cientifico".

Situações similares a esta, sobre a geração espontânea de ratos, ocorriam com certa frequência em todos os ramos da ciência.

Com **René Descartes**, (1596-1650) o processo de conhecimento ganhou o tão almejado e perseguido *status* de cientificidade.

Em sua notável obra *O Discurso sobre o Método*, (1637) tratado filosófico e matemático publicado na França, o autor formula o método a ser seguido para a obtenção da **verdade absoluta**, incontestável. Para atingi-la desenvolveu o método da dúvida, que consistia em questionar todas as ideias e teorias preexistentes.

O denominado **método cartesiano** é constituído por quatro etapas ou regras a serem seguidas até se chegar ao conhecimento: a) **Evidência**. Nada é verdadeiro até ser reconhecido como tal; b) **Análise**. Os problemas precisam ser analisados e resolvidos sistematicamente; c) **Síntese**. As considerações devem partir do mais simples para o mais complexo; d) **Enumeração**. O processo deve ser revisto do começo ao fim para que nada importante seja omitido.

O método de Descartes, apesar de autobiográfico - *isto é, visou descrever a sua própria experiência em busca do conhecimento* - passou a ser aceito e utilizado como critério de cientificidade, até mesmo pelos cultores das ciências humanas, que almejavam comprovar o *status* científico mediante a **descoberta** e **revelação** daquilo que se pretendia fossem "***leis universais***."

Em contraposição ao subjetivismo representado por Hume, vejamos o empirismo de René Descartes, levado ao extremo pelo método da dúvida, (Discurso do sobre o Método, 1637):

> A partir do momento em que desejava dedicar-me exclusivamente à pesquisa da **verdade**, pensei que deveria rejeitar como absolutamente falso tudo aquilo em que pudesse supor **a menor dúvida**, com a intenção de verificar se, depois disso, não restaria algo em minha educação que fosse inteiramente indubitável.

> Desse modo, considerando que **nossos sentidos às vezes nos enganam**, quis supor que não existia nada que fosse tal como eles nos fazem imaginar. Por haver homens que se enganam ao raciocinar, mesmo no que se refere às mais simples noções de geometria (...), rejeitei como falsas, julgando que estava sujeito a me enganar como qualquer outro, todas as razões que eu tomara até então por demonstrações. (...) Logo em seguida, porém, percebi que, enquanto eu queria pensar assim que **tudo era falso**, convinha necessariamente que eu, **que pensava**, fosse alguma coisa. Ao notar que esta verdade **penso, logo existo, era tão sólida e tão correta** (...), julguei que podia acatá-la sem escrúpulo como o primeiro princípio da filosofia que eu procurava.

A partir do método cartesiano, os cientistas sociais e filósofos passaram a perseguir a descoberta de uma **lei universal** que pudesse conferir o *status* de cientificidade às ciências sociais e humanas para equipará-las ao grau de certeza e a mesma precisão que poderia ser aferida, **universalmente**, em relação às ciências da física, da geometria e da matemática, como por exemplo: a lei da gravidade, (física); a precisão dos cálculos aritméticos, (matemática) ou a certeza de que duas linhas paralelas nunca se tocam, (geometria).

É o que veremos na próxima seção.

Conhecimento: Racionalismo e Positivismo.

O método racionalista denominado *cartesiano* em homenagem ao filósofo René Descartes passou a ser adotado como método científico de aferição de conhecimento em todas as áreas do saber, inclusive nas ciências ditas humanas e também na Teoria do Direito.

Com Auguste Comte e seus discípulos os "fenômenos sociais" designados por "Fatos Sociais" (Émile Durkheim, 1858-1917), deveriam ser tratados como "coisas". A denominada "coisificação" dos fatos da vida humana e da sociedade teria, segundo os seus defensores, o sentido de conferir ao tecido social a mesma objetividade física e material, existente nas **ciências da natureza**, na Física e na Matemática, equiparável a outros "objetos de estudo" como átomos ou um inseto num laboratório de biologia.

Auguste Comte chegou a denominar a sociologia, em 1822, como "***Física Social***" uma ciência vocacionada ao estudo dos fenômenos sociais considerados à semelhança dos elementos astronômicos, físicos, químicos e fisiológicos, ou seja, os fenômenos sociais estariam sujeitos a leis naturais e invariáveis. No seu entendimento, o pesquisador, o cientista social, o estudioso devem se dirigir à sociedade de forma isenta e analisar os fenômenos e eventos socais com total e absoluta neutralidade.

Em sua obra "Apelo aos Conservadores" datada de 1855, Auguste Comte definiu a palavra "positivo" com sete significados: real, certo, útil, relativo, preciso, simpático e orgânico.

A proposta metodológica de Auguste Comte, contaminou e inspirou o pensamento filosófico. A adesão ao pensamento "positivista" passou a ser uma senha de engajamento científico. Vejamos, nas palavras de Comte, a definição de **física social**:

> ... entendo por **física social** a ciência que tem por objeto próprio o estudo dos **fenômenos sociais**, considerados no mesmo sentido que os fenômenos astronômicos, físicos, químicos e fisiológicos, isto é, como submetidos a **leis naturais invariáveis**, cuja descoberta é o fim especial de suas pesquisas. Assim, ela se propõe diretamente a explicar, com a maior precisão possível, o grande fenômeno do desenvolvimento da espécie humana, visto em todas as suas partes essenciais...
>
> Tendendo a diminuir, a maior quantidade possível, o número das leis gerais necessárias para a explicação positiva dos fenômenos naturais, o que é, com efeito, **a meta filosófica**

> **da ciência**, consideraremos, entretanto, como temerário aspirar algum dia, ainda que para um futuro muito afastado, a reduzi-las rigorosamente a uma só. (Auguste Comte, in La Science Sociale, p. 86).

Para os fins propostos neste livro, o que nos importa é relacionar este brevíssimo histórico para referenciar a influência do "positivismo" na área jurídica e, em especial a célebre obra Teoria Pura do Direito que teve o objetivo de estabelecer como "**lei universal**" na área do Direito Positivo a denominada Norma (hipotética) Fundamental. Diz Hans Kelsen, 1934:

> Com efeito, quando confrontamos uns com os outros os objetos que, em diferentes povos e em diferentes épocas são designados como 'Direito', resulta logo que todos eles se apresentam como ordens de conduta humana. Uma 'ordem', é um **sistema de normas** cuja unidade é constituída pelo fato de todas elas terem o mesmo **fundamento de validade**. E o fundamento de validade de uma ordem normativa é – como veremos – uma **norma fundamental** da qual se retira a **validade** de todas as normas pertencentes a essa ordem. (p. 21/22).
>
> Todas as normas cuja validade pode ser traduzida em uma mesma norma fundamental

> formam um sistema de normas, uma ordem normativa. A norma fundamental é a fonte comum da validade de todas as normas pertencentes a uma mesma ordem normativa, seu fundamento de validade comum. O fato de uma norma pertencer a uma determinada ordem normativa baseia-se em que o seu **último fundamento de validade é a norma fundamental** desta ordem. É a norma fundamental que constitui a unidade de uma pluralidade de normas enquanto representa o fundamento da **validade de todas as normas** pertencentes a esta ordem normativa. (p. 136)

Ressalte-se que para Kelsen, a denominada Norma (hipotética) Fundamental com característica similar à Carta Magna (assinada em 1215, por João Sem-Terra, Rei da Inglaterra) é norma pressuposta, pois, ao contrário das normas historicamente postas ou impostas, a **Lei Universal** (assim concebida pelo positivismo jurídico) se baseia na pressuposição de que é ela a mais elevada das normas, especialmente concebida para servir de paradigma ao exercício do poder normativo de controle na produção de outras normas.

O registro que faço sobre a contribuição de Hans Kelsen, é - *na verdade* - uma constatação. A dualidade superada, em tese, por Immanuel Kant, permanece até os dias atuais, alimentando as duas correntes de pensamento no âmbito do direito, exemplo disto é o positivismo jurídico. Por este método de conhecimento a pretensão de Kelsen é: *buscar a exatidão e razoável grau de previsibilidade na aplicação do direito.*

Neste sentido, o positivismo jurídico é uma imposição formal. Toda a concepção sobre "constitucionalismo contemporâneo" está estruturada por juízos *a priori*, verdadeiros dogmas reproduzidos exaustivamente, com baixa efetividade porque desconectado do mundo real.

O exemplo disto é a "coincidência" de preceitos repetidos nas constituições de língua portuguesa, como um receituário, demonstrando o que Kelsen dizia: o **ser** do direito é o **dever ser** estabelecido pela norma. O **dever ser** é a **lei universal** e a constituição é a lei fundamental sob a qual todo o ordenamento jurídico está submetido em um **sistema hierarquizado**.

A Norma (hipotética) Fundamental é, por sua vez, uma emanação da Teoria Pura do Direito, como assegura Kelsen:

> A norma fundamental, **determinada** pela Teoria Pura do Direito como condição da validade jurídica objetiva, **fundamenta**, porém, a validade de **qualquer ordem** jurídica positiva, quer dizer, de toda ordem coerciva globalmente eficaz estabelecida por atos humanos. De acordo com a Teoria Pura do Direito, como teoria

> jurídica positivista, nenhuma ordem jurídica positiva pode ser considerada como não conforme à sua norma fundamental, e, portanto, como não válida. O conteúdo de uma ordem jurídica positiva é completamente independente da sua norma fundamental. Na verdade - tem de acentuar-se bem - da norma fundamental apenas pode ser **derivada a validade** e não o conteúdo da ordem jurídica. Toda ordem coerciva globalmente eficaz pode ser pensada como ordem normativa objetivamente válida. A nenhuma ordem jurídica positiva pode recusar-se a validade por causa do conteúdo das suas normas. E este um elemento essencial do positivismo jurídico. Precisamente na sua teoria da norma fundamental se revela a Teoria Pura do Direito como teoria jurídica positivista. *(p. 152).*

Assim, tendo por fundamento a construção de conceitos assentados em conceitos, normas assentadas em normas, o positivismo jurídico produziu um fenômeno social, jurídico e político. Os Estados-nação de língua portuguesa são exemplo deste fenômeno. Todos eles são Estados Democráticos de Direito. Seguramente, segundo o positivismo jurídico essa "verdade" é uma verdade simplesmente porque consta em Constituições escritas, (direito positivo). Para os defensores do positivismo jurídico isso basta, como se fosse uma verdade incontestável. Vejamos, por enquanto e para os fins desta seção, a "verdade" escrita e descrita nas respectivas "Cartas Magnas", nome pomposo dado a Lei (hipotética) Fundamental uma espécie de arquivo copia e cola, seguidos como referência de validade das denominadas Constituições Federais:

Angola:

> Art. 2º. 1. A República de Angola é um **Estado Democrático de Direito** que tem como fundamentos a soberania popular, o primado da Constituição e da lei, a separação de poderes e interdependência de funções, a unidade nacional, o pluralismo de expressão e de organização política e a democracia representativa e participativa.

Brasil:

> Art. 1º A República Federativa do Brasil, formada pela união indissolúvel dos Estados e Municípios e do Distrito Federal, constitui-se em **Estado Democrático de Direito** e tem como fundamentos: I - a soberania; II - a cidadania; III - a dignidade da pessoa humana; IV - os valores sociais do trabalho e da livre iniciativa; V - o pluralismo político.

Cabo Verde:

Art. 2º. 1. A República de Cabo Verde organiza-se em **Estado de direito democrático** assente nos princípios da soberania popular, no pluralismo de expressão e de organização política democrática e no respeito pelos direitos e liberdades fundamentais.

Guiné-Bissau:

Art.3º. A República da Guiné-Bissau é um **Estado de democracia constitucionalmente instituída**, fundado na unidade nacional e na efetiva participação popular no desempenho, controlo e direção das atividades públicas, e orientada para a construção de uma sociedade livre e justa.

Guiné Equatorial:

Art. 1º. 1. Guinea Ecuatorial es un **Estado soberano, independiente, republicano, social y democrático**, en el que los valores supremos son la unidad, la paz, la justicia, la libertad y la igualdad.

Moçambique:

Art. 3º. A República de Moçambique é um **Estado de Direito**, baseado no pluralismo de expressão, na **organização política democrática**, no respeito e garantia dos direitos e liberdades fundamentais do Homem.

Portugal:

Art. 2º. A República Portuguesa é um **Estado de direito democrático**, baseado na soberania popular, no pluralismo de expressão e organização política democráticas, no respeito e na garantia de efetivação dos direitos e liberdades fundamentais e na separação e interdependência de poderes, visando a realização da democracia económica, social e cultural e o aprofundamento da democracia participativa.

São Tomé e Príncipe:

Art. 5º. 1. A **República Democrática de São Tomé e Príncipe** é um Estado unitário, sem prejuízo da existência de autarquias locais.

Timor Leste:

> Art. 1º. 1. A República Democrática de Timor-Leste é um **Estado de direito democrático**, soberano, independente e unitário, baseado na vontade popular e no respeito pela dignidade da pessoa humana.

Apesar da imensa influência do positivismo jurídico no âmbito do Direito Constitucional, considero sérias e graves as distorções que este método de conhecimento acarreta - *exatamente por valer-se da "verdade a priori"* cujo fundamento de validade decorre do processo de construção, independente do respectivos conteúdo - e, também neste ponto, acompanho o pensamento de Habermas, (cf. Direito e Democracia, p 118/119):

> Kelsen **desengata o conceito de direito do da moral**, e inclusive do da pessoa natural, por que no sistema jurídico e se tornou inteiramente autônomo tem que sobreviver com as suas ficções autoproduzidas; ele induz as pessoas naturais no seu próprio ambiente ou "mundo circundante", nos termos da nova entrada naturalista de Lohmann.
>
> [...] O desengate entre a pessoa natural e a pessoa moral abre o caminho da dogmática do direito para uma interpretação puramente funcionalista

dos direitos subjetivos. E a doutrina dos direitos subjetivos passa ser domínio de um funcionalismo do sistema, que através de decisões metódicas, se livra de todas as considerações normativas.

A contundente e inafastável crítica que se faz ao pensamento representado pela "Teoria Pura do Direito" é - *com toda a razão* - a sua pretensa pureza a serviço de qualquer regime ditatorial ou democrático, porque a "verdade" se reduz a razão pressuposta, (juízo analítico *a priori*) estabelecida por uma norma desengatada, isto é, sem conexão com princípios, mas que restringe-se a estabelecer procedimentos de controle, na fase de produção de outras normas, tendo como atestado de validade uma norma pressuposta maior, denominada Constituição ou Lei Fundamental, ou, ainda, como preferem muitos, uma Carta Magna.

Contraditoriamente, no momento seguinte ao desengate, a norma (hipotética) fundamental, a Constituição ou "Carta Magna" colocada no ápice do sistema jurídico interno, dita princípios rígidos e eloquentes a serem seguidos por todos - *sem exceção* - e, com esta pretensão ambiciosa, completa um giro de 360 graus e fecha-se - *em torno de si mesma* - em busca do pretendido engate com o princípio da moralidade que desprezou no ponto de partida. Acontece que a moralidade está ausente em todos os pontos internos ao sistema jurídico, pelo simples e elementar fato real de ser exercido por forças dominantes bem articuladas que manipulam e moldam o sistema jurídico interno, cuidadosamente hierarquizado e fechado, e, naquele ponto, fora do sistema hierarquizado, o engate se opera em permanente tensão entre o pressuposto jurídico e o mundo real que - *em vão* - o sistema de poder, formal, pretende disciplinar.

Nem mesmo os agentes políticos que representam o ápice do sistema jurídico interno: Supremos Tribunais, Tribunais Superiores e Ministérios Público, (as notícias são abundantes e estão por toda parte) cultuam a moralidade como exemplo, a ser seguido. Todo o Sistema Jurídico interno e hierarquizado desnuda-se perante a sociedade civil como exatamente é: discurso retórico, carente de princípios morais, como uma árvore linda e frondosa, cultuada e reverenciada, mas sem raízes fincadas no solo da cidadania. Essa fragilidade da árvore sem raízes, passa a ser, *para o desespero dos Estados-nação-rótulo*, o padrão de referência e inspiração da cidadania-regra que, também, está sempre ávida para colher - *e colher com abundância* - aquilo que sequer plantou.

Neste aspecto desolador, constata-se que o Brasil - *a maior república de língua portuguesa* - está enfrentando um processo de terra-arrasada pela escancarada e antiga ausência de moralidade, agora revelada pelas mídias e redes sociais. A velha mídia convencional que sempre conviveu muito bem com a corrupção, agora é obrigada a aderir a uma pauta devastadora para os interesses da grande mídia, em "parceria" e em harmonia com os interesses de Estados e Governos corruptos.

Quanto, especificamente ao Brasil, basta registrar, como ponto histórico de referência, a campanha do candidato pelo Movimento Popular Jânio Quadros, eleito presidente do Brasil, em 1960, com o *slogan*: "*varre, varre, vassourinha, varre, varre a bandalheira*", como proposta de Governo no enfrentamento à corrupção. Jânio Quadros renunciou ao Governo poucos meses após a posse sob o argumento de sucumbir-se a "forças terríveis".

> Desejei um Brasil para os brasileiros, afrontando, nesse sonho, a corrupção, a mentira e a covardia que subordinam os interesses gerais aos apetites e às ambições de grupos ou de indivíduos, inclusive do exterior. Sinto-me, porém, esmagado. Forças terríveis levantam-se contra mim e me intrigam ou infamam, até com a desculpa de colaboração. (Jânio Quadros, carta-renúncia, 25/08/61).

Aquela pauta, (1960) foi revigorada e reafirmada pelo Governo atual do Brasil, recém eleito, (2019) que tenta evitar, a todo custo, a expressão "negociação política" na sua relação com os congressistas, sob a falsa alegação de tratar-se de velha política (diga-se, corrupção) quando, no caso específico, o atual Governo tem o fundado receio de ser tragado pela onda de pseudomoralismo alimentado pelo espetáculo midiático com acompanhamento diário de diversas prisões, inclusive de ex-presidentes da República e de ex-congressistas, o que acarreta uma significativa sobrecarga e desgaste de toda a classe política e do Supremo Tribunal Federal tendente a tornar-se foro criminal especial.

Para aquilatar a precariedade das "Cartas Magnas" dos Estados-nação-rótulo, e aferir o grau de submissão das Constituições ao poder de pressão de grupos de interesse, veja-se o registro histórico, dos Estados-Nação de língua portuguesa: a) **Angola**, três Constituições aprovadas em 1975, 1992, 2010; b) **Brasil,** sete Constituições (1824 , 1891, 1934, 1937, 1946, 1967) a última aprovada em 1988, atualmente com 105 emendas; c) **Cabo Verde**, duas Constituições, 1980, 1992; d) **Guiné-Bissau**, Constituição 1984; e) **Guiné-Equatorial**, Constituição de 1982; f) **Moçambique**, três Constituições, 1975, 1990, 2004; g) **Portugal**, seis Constituições aprovadas em 1822, 1826, 1838, 1911, 1933, 1976; h) **São Tomé e Príncipe**, duas Constituições, 1975, 2003; i) **Timor Leste,** Constituição de 2002.

A síntese do parágrafo anterior pode ser assim redigida: as Cartas Magnas dos Estados-Nação de língua portuguesa são "Leis Fundamentais" sob permanente mutação, bem ao contrário da concepção original da Teoria Pura do Direito que estabelece a Constituição como uma referência de Lei Universal, pretensamente imutável. A extrema mutabilidade dessas "Constituições folhas de papel", pode ser contrastada com a primeira e única Constituição dos Estados Unidas da América, aprovada em 1787, atualmente com 27 emendas, passados, portanto, 232 anos da sua promulgação. Observe-se, ainda, que a Constituição dos USA, (exemplo de constitucionalismo moderno) é bem anterior a obra de Hans Kelsen, "Teoria Pública do Direito" publicada em 1934.

A situação prevalecente, no plano institucional, quanto a Governos desconexos e Estados-nação-rótulo, repete-se em igual ou maior dimensão no âmbito de atuação cotidiana da cidadania-regra, (formada por cidadãos-moldáveis), sempre afeita a satisfazer interesses momentâneos e imediatos.

Em tudo a cidadania-regra demonstra descaso pela verdade e pela moralidade. O que prepondera, sempre, é o jogo medíocre de aparência, em busca de "visualização" a qualquer custo. Em um momento, o idiota compra produtos contrabandeados e falsificados sem preocupar-se com os efeitos fiscais, com a conduta criminosa de receptação e destruição da massa de trabalho e emprego; no momento seguinte, o mesmo idiota, diante do vídeo veiculado nas redes sociais, apropria-se da retórica de trabalhador honesto e contribuinte exemplar, para denunciar a frustração de algum interesse perante o Estado. Qualquer bobagem que veicule imagens negativas sobre Governos e sobre o Estado, tendem a fazer sucesso. A cidadania-regra demonstra a mesma sagacidade e esperteza em todas as situações que envolvam a possibilidade de "levar vantagem" em proveito próprio. A cidadania-regra é constituída pela multiplicidade de uma espécie, cada vez mais comum, o cidadão-moldável que encaixa-se em quaisquer situações, momentâneas e transitórias, por mais antagônicas que possam parecer, quando comparadas entre si.

A essa nefasta configuração potencial formada por cidadãos-moldáveis, cidadania-regra e democracia-placebo tomo especial atenção para designá-los como elementos internos, limitantes à consolidação de democracias sustentáveis e ao planejamento de médio e longo prazos, a cargo dos Estados-nação, porque: a) os cidadãos-moldáveis são indivíduos mutáveis, sorrateiros, inescrupulosos, sempre em busca de satisfazer interesses pessoais, em qualquer lugar e a todo o tempo; b) a cidadania-regra é um coletivo ocasional, disperso e difuso, alimentado por ressentimento, frustração e ódio, difícil de ser captado, guiado pelo instinto transitório e momentâneo de sobrevivência, configurado pela incapacidade de pensar e agir em causas de interesses coletivos de médio e longo prazos; c) democracia-placebo é o resultado previsível, conquistado em decorrência do imediatismo e da constante improvisação que viabiliza-se pela permanente alteração de todo o sistema jurídico interno, inclusive a Lei Fundamental - *a Carta Magna dita permanente e imutável* - que empresta sustentação, retórica e aparente, aos Estados-nação-rótulo.

Claro, claro, claro...!

É preciso reconhecer que - *mesmo quando se constata a parcial ou completa ausência de efetividade* - é melhor contar com normas fundamentais e tribunais constitucionais existentes e em funcionamento nos Estados-nação de língua portuguesa, todos teoricamente hierarquizados, do que ficar-se diante do vazio jurídico e normativo. É melhor contar-se com sistemas democráticos, em formação, em aprimoramento, em maturação, em teste! Ou seja, lá que justificativa se queira dar!

A ausência de efetividade da democracia-placebo e dos Estados-nação-rótulo, filiados a Teoria Pura do Direito é patente. Nada ou quase nada funciona. Nem mesmo Kelsen, poderia imaginar que um ambiente democrático fundado em um sistema jurídico hierarquicamente pensado, organizado e aprimorado - *que teria como fundamento a construção de ambientes formais hábeis a produção de consensos* - produziria tamanha desorganização, instabilidade e inabilidade dos sujeitos incumbidos de diálogo, ou seja, agentes políticos de Estados e Governos.

O que se constata é que a norma (hipotética) fundamental de Kelsen produz sérias fissuras morais e, historicamente, demonstra-se falha. O sistema jurídico concebido por Kelsen gira em torno de si mesmo. Estados e Governos, são tragados pela incapacidade de diagnosticar velhos problemas e propor soluções condizentes. A própria justificativa de disputa de poder entre grupos é muito precária. Porque o poder que adviria de uma eventual união mediana e honesta, de médio e longo prazos, resultaria em construção de democracias menos frágeis e Estados com população menos miseráveis. Bastaria para isto: verificar e satisfazer demandas perceptíveis por todos, com relativa facilidade de busca de consensos, na organização da economia e combate à miséria endêmica.

Mas, porque essas democracias-placebo e esses Estados-nação-rótulo são tão caóticos e confusos? Porque a capacidade de diálogo é tão travada? Porque o desengate com a moralidade é tão generalizada?

Ao meu ver a cidadania-regra, desprovida de compromisso moral, acarreta uma excepcional sobrecarga. A começar pela profusão de leis editadas para todas as circunstâncias momentâneas e para todos os gostos, elaboradas para justificar a autoridade dos Governos de plantão. Os Estados-nação-rótulo tomam, para si, o desafio de inventar-se a cada Governo, a cada eleição, sem perceber que o que lhes falta é planejamento e percepção de projeto de Estado de médio e longo prazos, construídos a partir de consensos medianos: fazer algo duradouro e estável para reduzir ou minimizar as causas da miséria endêmica, pelo menos sobre situações corriqueiras e relativamente banais deveria haver consensos.

É preciso reconhecer que o infinito número de leis produzidas com base no positivismo jurídico é exaustivo para qualquer Estado ou sociedade. Nesse sentido basta ver o princípio jurídico segundo o qual ninguém será obrigado a fazer ou deixar de fazer alguma coisa senão em virtude da lei. Diante deste princípio repetido exaustivamente em todos os Estados, editar leis e julgar uma infinidade de causas é tarefa complexa, dispendiosa e desgastante e, pior ainda, o Regime Democrático está sendo permanentemente tensionado por este paradigma de difícil superação. Os Estados-nação de língua portuguesa, certamente, sofrem mais deste mal, porque percebem nas leis, (no sistema jurídico kelseniano), as soluções de problemas que se resolvem com política exercida a partir de princípios morais, em ambientes com exercício de democracia efetiva, construídas por consensos medianos, quase banais, sustentados por posturas e condutas morais de sujeitos com maturidade e história.

Seguindo o paradigma da teoria pura do direito, (desengatada da moral) a cidadania-regra transformou tudo em disputa, em desavença, em guerra, em demanda judicial. Tudo ou quase resume-se em questão de vida ou morte. A ausência de moralidade e de razoabilidade prepondera na vida cotidiana. Há uma infinidade de leis em permanente mutação, para atender objetivos imediatos. A sagacidade de pessoas egocêntricas e medíocres dita as regras. O princípio da legalidade, nos Estados-nação-rótulo, é, em verdade, uma simples e elementar regra, mudada ao sinal dos ventos. Essa sobrecarga sugere a necessidade de deslocar o princípio da moral para dentro do substrato social que sustenta o Estado: a cidadania-princípio, a ser analisado em outra seção.

Casos pitorescos, porém, corriqueiros, podem ser encontrados em todos os Estados-nação de língua portuguesa relacionando situações em que brigas de vizinhos por latidos de cachorro percorrerem todas as instâncias do poder judiciário e são julgadas, **em última instância**, por órgãos dos Supremos Tribunais Federais.

A questão central que enfrento, neste aspecto, está em aferir, com a participação crítica do leitor, se a estrutura normativa formal e a estrutura hierarquizada dos poderes internamente constituídos, é base suficientemente sólida para a continuidade e aprimoramento do exercício da Democracia, nos tempos das *fake news* e das redes sociais.

Seja qual for a resposta provisória que possamos encontrar, a **efetividade da Democracia**, nestes Estados-nação, requer maior intensidade e melhor qualidade de participação do cidadão nos assuntos dos respectivos Estados-nação.

Os Estados-nação assim constituídos, com suas instâncias de poder e soberania retóricas são quase-Estados, são Estados-fracos com soberania secundária, são Estados síndicos da miséria. A constatação de Bauman é perceptível quando se está diante de Estados-nação-rótulo:

> No cabaré da globalização, o Estado passa por um *strip-tease* e no final do espetáculo é deixado apenas com as necessidades básicas: **seu poder de repressão**. Com sua base material destruída, sua **soberania e independência anuladas**, sua classe política apagada, a nação-estado torna-se um mero serviço de segurança para as megaempresas ... Os novos senhores do mundo não têm necessidade de governar diretamente. Os governos nacionais são encarregados da tarefa de administrar os negócios em nome deles. (BAUMAN 1999, p. 23)

Este estágio preliminar sustentado pelo positivismo jurídico que designo por **Estados-nação-rótulo**, foi alcançado graças ao convincente pensamento formal, (juízo analítico *a priori*) de Hans Kelsen, seus discípulos e seguidores. Partindo-se deste estágio existente, o poder do povo pode qualificar o Estado-nação como forte ou fraco.

O positivismo jurídico de Hans Kelsen, como juízo pré-concebido que é, dotou estes Estados-nação de **rótulos**, são vasos com belos adornos, são Estados quase-vazios, por isso os considero como **quase-Estados**.

Será forte o Estado-nação que receba a emanação do poder de um povo honesto, sensato, equilibrado, ao contrário será um Estado-nação fraco, um quase-Estado se o poder que advém do povo valoriza e reproduz condenáveis vícios éticos e morais.

De fato, dizer que o Estado é Democrático de Direito por que dispõe de uma Lei Fundamental, (uma Constituição Formal), equivale a um exemplo perfeito de juízo analítico *a priori*, ou seja, é como dizer que todo triângulo tem três ângulos: o predicado nada acrescenta ao sujeito.

Apesar disto a Lei Fundamental proposta por Kelsen, a partir de juízo analítico *a priori*, coloca estes Estados-nação em um plano formal relevante, em tese, perante o ordenamento jurídico interno e perante o arranjo internacional das nações, mas tem o mesmo efeito medicamentoso que um placebo. De fato, portanto, o Estado-nação e a democracia-placebo que lhe empresta aparência formal, confere-lhe um rótulo, isto equivale dizer que o Estado-nação-rótulo pode ser adequadamente preenchimento, se e quando, o substrato da sociedade civil estiver qualificado por princípios.

Como se sabe, o placebo é qualquer substância ou tratamento inerte utilizado como remédio. Na medicina, injeções de soro fisiológico e comprimidos de açúcar são os placebos mais usados. Efeito placebo é quando essa substância ou procedimento produz um efeito fisiológico positivo, melhorando os sintomas.

O que resta fazer, no entanto, é algo monumental que consiste em superar o efeito placebo mediante a transformação do Estado Democrático de **estágio formal** (democracia-placebo) para **estágio efetivo** (democracia-sustentável).

Imperativo Categórico. Sustentabilidade.

Como consignei na seção anterior, os Estados-nação-rótulo estão sob efeito de placebo. O paciente-Estado está estabilizado e com esperança, mas o tecido social está esgarçado, a tensão entre a democracia-placebo e o sistema jurídico interno que o sustenta é permanente e visível. A grande questão, a partir deste ponto, é: Como substituir o placebo por um medicamento ativo e efetivo? Ou dito de outra forma: Como substituir a cidadania-regra pela cidadania-princípio? Como substituir a busca individual por resultados imediatos pela busca coletiva de fortalecimento da cidadania e refundação do Estado?

Dizem os psicólogos que só se pode superar um problema quando se tem consciência dele. Por outro lado, toda grande caminhada começa com o primeiro passo. A minha contribuição é infinitamente modesta, mas está posta e expressa neste livro.

Estou convencido de que este medicamento social e político está em entender e atender o ensinamento de Kant, quanto a **lei universal**, aplicável às ciências sociais tendo como fundamento válido o imperativo categórico, assim descrito por KANT, (1785):

Agirei pois mais sensatamente, portando-me, nesta ocorrência em conformidade com uma máxima universal e procurando criar o hábito de nada prometer sem intenção de cumprir. Mas depressa se me afigura evidente que tal máxima estriba sempre no temor das consequências. Ora, uma coisa é ser sincero por dever, e outra coisa ser sincero por temor das consequências desagradáveis: no primeiro caso, o conceito da ação em si mesma contém já uma lei para mim; mas no segundo caso, preciso, antes de mais nada, tentar descobrir alhures quais as consequências que se seguirão à minha ação. Porque, se me desvio do princípio do dever, cometo decerto uma ação má; mas se abandono minha máxima de prudência, posso, em certos casos, auferir daí grandes vantagens, embora, na verdade, seja mais seguro ater-me a ela. Afinal de contas, no concernente à resposta a esta questão: se uma promessa mentirosa é conforme ao dever, o meio mais rápido e infalível de me informar consiste em perguntar a mim mesmo: ficaria eu satisfeito, se minha máxima (tirar-me de dificuldades por meio de uma promessa enganadora devesse valer como lei universal (tanto para mim como para os outros? Poderei dizer a mim mesmo: pode cada homem fazer uma promessa falsa, quando se encontra em dificuldades, das quais não logra safar-se de outra maneira? Deste modo, depressa me

> convenço que posso bem querer a mentira! mas não posso, de maneira nenhuma querer uma lei que mande mentir; pois, como consequência de tal lei, não mais haveria qualquer espécie de promessa, porque seria, de fato, inútil manifestar minha vontade a respeito de minhas ações futuras a outras pessoas que não acreditariam nessa declaração, ou que, se acreditassem à-toa, me retribuíram depois na mesma moeda; de sorte que minha máxima, tão logo fosse arvorada em lei universal, necessariamente se destruiria a si mesma.

Entendo que o imperativo categórico, como **lei universal**, tendo como base preceitos morais, é o medicamento ou princípio ativo que pode e deve qualificar a participação da cidadania e por isto, dedico-me a reler o conceito de Kant em correlação com o seu equivalente hodierno: sustentabilidade.

Immanuel Kant, (1724-1804) talvez tenha sido o filósofo mais influente da "modernidade". O magnífico trabalho de Kant, poderia ser resumido na sua descoberta sobre a denominada e pretendida **Lei Universal** em relação às ciências sociais e humanas:

> Todo **conhecimento racional** é: ou **material** e considera qualquer objeto, ou **formal** e ocupa-se apenas da forma do entendimento e da razão em si mesmas e das regras universais do pensar

> em geral, sem distinção dos objetos. A filosofia **formal** chama-se Lógica; a **material** [...], é por sua vez **dupla**, pois que estas leis ou são leis da natureza ou **leis da liberdade**. A ciência da primeira chama-se Física, a da outra é a **Ética**; aquela chama-se também Teoria da Natureza, esta **Teoria dos Costumes**.

Assim, enquanto todos os filósofos e cientistas de seu tempo estavam ocupados em descobrir a **lei universal** aplicável às ciências humanas e sociais, com o mesmo *status* das denominadas leis da natureza, leis da física ou leis da matemática, Kant, em resposta ao questionamento, responde que uma lei fundamental ou lei universal na área de condutas humanas só poderia ser alcançada a partir da definição do dever de agir. A ação humana precisaria, para ser uma **lei universal**, ser qualificada pela intenção moral. Descreve Kant:

> O que é, pois, agir por dever? Agir por dever é agir em função da reverência pela lei moral; e a maneira de testar se estamos a agir assim é procurar a máxima, ou princípio, com base na qual agimos, isto é, o imperativo ao qual as nossas ações se conformam. Há dois tipos de imperativos: os hipotéticos e os categóricos. O imperativo hipotético afirma o seguinte: se quisermos atingir determinado fim, age desta ou daquela maneira. O imperativo categórico diz o seguinte: independentemente do fim que

> desejamos atingir, age desta ou daquela maneira. Há muitos imperativos hipotéticos porque há muitos fins diferentes que os seres humanos podem propor-se alcançar. Há **um só imperativo categórico**, que é o seguinte: "Age apenas de acordo com uma máxima que possas, ao mesmo tempo, querer que se torne uma **lei universal**".

Esta é, com efeito, a Lei Fundamental, imutável, universal, desejável, portanto, que seja difundida e praticada por todos e para o bem de todos, seguindo Kant:

> Há por fim um imperativo que, sem se basear como condição em qualquer outra intenção a atingir por um certo comportamento, ordena imediatamente este comportamento. **Este imperativo é categórico**.

Observe, caro leitor, que Kant, em obra preparatória, datada de 1785, anterior a Crítica à Razão Prática, sob o título, em alemão, *Grundlegung zur Metaphysic der Sitten,* (A fundamentação da metafísica dos Costumes), enfrentou a **dualidade** preexiste e a superou, mas curiosamente, essa dualidade, **superada**, por Kant, foi reproduzida em outras áreas de estudo, especialmente na Teoria Geral do Direito, até os dias atuais e tende a perpetuar-se.

Veja-se o rastro desta dualidade. Primeiro no apontamento de Kant, em Crítica da Razão Pura, identificam-se duas formas de conhecimento: empírico ou *a posteriori* e o puro ou *a priori*.

O conhecimento empírico, captado pela experiência sensível, é traduzido pela experiência subjetiva. (...) O conhecimento puro ou *a priori*, ao contrário, independe de qualquer experiência sensível, distinguindo-se do empírico pela universalidade e necessidade. (...).

A experiência sensível por si só – *segundo Kant* – jamais produz juízos necessários e universais, de tal forma que todas as vezes que se está diante de juízos desse tipo tem-se um conhecimento puro ou *a priori*.

Em segundo momento, além da distinção entre *a posteriori* ou empírico e *a priori* ou puro, pode-se – *seguindo-se o conceito kantiano* – distinguir o juízo analítico do juízo sintético. No primeiro, o predicado já está contido no sujeito, de tal forma que o juízo dele decorrente consiste apenas em um processo de análise, através do qual se extrai do sujeito aquilo que já está contido nele, (todo triângulo contém três ângulos). Os juízos sintéticos, ao contrário, unem o conceito expresso pelo predicado ao conceito do sujeito, constituindo o único tipo de juízo que enriquece o conhecimento. Com esta diferenciação, Kant conceitua três tipos de juízos: analítico, sintético *a posteriori* e sintético *a priori*.

Para se entender esta distinção, vejam-se as três modalidades de juízos segundo o pensamento Kantiano: Juízos Analíticos *a priori;* Juízos Sintéticos *a posteriori* e Juízos Sintéticos *a priori*. Estes conceitos são essenciais para se entender o foro metodológico da Teoria Pura do Direito que dá ensejo ao surgimento de democracias-placebo.

Juízos Analíticos *a priori*, assim considerados aqueles juízos em que o predicado (B) encontra-se contido no sujeito (A) e, por isso, pode ser constatado pelo enunciado do sujeito, mediante, **pura análise**. Nos juízos analíticos, (a exemplo dos contidos na Teoria Pura do Direito) o predicado nada mais faz do que explicar ou explicitar o sujeito. O exemplo clássico, é: "*Todo triângulo tem três lados*".

Juízos Sintéticos *a posteriori*, são juízos que se formulam a partir de uma observação subjetiva e particular pode ser repetida pelo método de análise por qualquer outro sujeito na mesma condição e sob a mesma perspectiva. Nestes juízos, a observação pode ser uma síntese de múltiplas observações sensoriais, sempre, particulares ou empíricas, sem força de **lei universal**. Tome-se por exemplo a expressão que pode decorrer de uma verdade: *Aquela casa é verde*. Sim todos os sujeitos que a observarem podem assim concluir casa (sujeito) predicado (verde).

Por fim observe-se a peculiaridade do pensamento kantiano.

Juízos Sintéticos *a priori*, estes, sim, são juízos consistentes porque dotados de força intersubjetiva, nos quais o predicado é extraído da experiência e forma algo novo, construído. A experiência, no entanto, deve permitir ou antever a possibilidade da repetição da experiência, *a priori*, assim entendida como a possibilidade formal de construção fenomênica, que permite a universalidade e a necessidade dos juízos. A experiência, aqui, constitui-se de fenômenos sensoriais organizados, na mente, *a priori*, daquilo que é concebido pela intuição. Kant concorda com Leibniz, (*in* prefácio *Novos Ensaios sobre o Entendimento Humano)*: "Nada há no intelecto que não tenha passado primeiro pelos sentidos ... a não ser o próprio intelecto".

Para Kant, o verdadeiro núcleo da teoria do conhecimento situar-se no âmbito dos **juízos sintéticos *a priori***, os quais, ao mesmo tempo, são universais e necessários, enriquecendo e fazendo progredir o conhecimento.

Seguindo o mesmo caminho filosófico, sugere Kant, "a filosofia deveria investigar a possível existência de certos **princípios *a priori***, que seriam responsáveis pela síntese dos dados empíricos. Estes, por sua vez, deveriam ser encontrados nas duas fontes de conhecimento, que seriam a sensibilidade e o entendimento.

A experiência e o conhecimento, ainda, segundo Kant, possuem dois troncos: intuição (sensibilidade) e conceitos (entendimento). A intuição apreende algo necessariamente subjetivo, portanto, algo particular; o conceito torna o particular conhecido para nós. Portanto o conhecimento humano, advém da síntese. A síntese, é, ao meu ver, resultante do entendimento, necessariamente, intersubjetivo.

Logo, nem racionalismo dogmático, nem empirismo, Kant concebe o ***racionalismo crítico***. Para Kant, a ciência é uma construção humana. A razão deve buscar na natureza a conformidade que ela mesma coloca. Os juízos sintéticos *a priori* são a antecipação da forma de uma experiência possível, em geral. A condição de cognoscibilidade é baseada em intuibilidade e pensabilidade.

A síntese é uma função cega que agrega os elementos para o conhecimento e os unifica em um certo conteúdo; a síntese agrega a multiplicidade dos elementos propiciando o conhecimento, sem explicá-lo, por ser uma função cega; aí está a intuição, ela explica a origem do conhecimento, sem explicar os seus próprios fundamentos – essa é a limitação do método *a priori*, tomado, para os objetivos da filosofia e das ciências sociais, por semelhança da tradição do método cartesianismo.

Voltemos agora à dualidade da teoria do conhecimento aplicada à democracia, à cidadania e ao direito.

Em relação à primeira das dualidades, isto é, **juízos analíticos *a priori***, dos quais deriva-se o Positivismo Jurídico, seguido por, dentre outros, Johannes Hans Vaihinger (alemão) e Hans Kelsen, (austríaco).

Sobre Hans Kelsen, para os fins desta obra, dedico-lhe mais espaço. Sobre o alemão Hans Vaihinger abro um breve parênteses para uma citação sobre a necessidade do ser humano - *diante da sua ânsia por conhecimento, liberdade e vida política* - criar noções fictícias, como artifícios produtivos de apoio ao desenvolvimento científico, diz Hans Vaihinger:

> E assim descobrimos um laço em comum que liga os diferenciais da matemática, os átomos das ciências exatas, as ideias da filosofia e mesmo os dogmas religiosos – a compreensão da necessidade de empregarmos ficções conscientes como base indispensável de nossas pesquisas científicas, de nosso deleite estético e de nosso agir na prática. (*in* Philosophie des Als

> Ob, publicado em 1911. Filosofia do "Como Se", p. 99)

Em relação à segunda das dualidades, **juízos sintéticos *a priori*** deriva-se a linha de pensamento filosófico que defende a possibilidade de conhecer como saber intersubjetivo seguido por Martin Heidegger, (1889 a 1976); Husserl, (1859 a 1938) e Habermas (1929 - ….).

A dualidade que ora apresento e explícito em relação à democracia, à cidadania e ao direito, foi percebida por **Ferdinand Lassalle**, (1825 a 1864) sob a perspectiva da sociologia das constituições em sua obra "*A essência das Constituições:*

> Tenho demonstrado a relação que guardam entre si as duas Constituições de um país: essa Constituição **real e efetiva**, integralizada pelos fatores reais e efetivos que regem a sociedade, e essa outra Constituição escrita, à qual, para distingui-la da primeira, vamos denominar de **folha de papel**.
>
> De fato, na maioria dos Estados modernos vemos aparecer, num determinado momento da sua história, uma Constituição escrita, cuja missão é a de estabelecer documentalmente, numa folha de papel, todas as instituições e princípios do governo vigente.

Como parece evidente, **Lassalle** percebeu a dualidade sem, no entanto, identificar, como faço neste trabalho, a raiz daquela dualidade superada, concretamente, por Kant, desde 1785.

Tal como identifico e defendo, neste livro, a **constituição folha de papel** é resultado do positivismo jurídico que incentivou o que hoje pode-se denominar como uma operação formal mais ou menos um copia e cola. Neste sentido, basta observar as constituições escritas dos Estados-nação de língua portuguesa, todas repetem expressões pré-fabricadas surgidas a partir de juízos *a priori*, transcritos e retranscritos numa "folha de papel" que tudo aceita. Mas, apesar da constituição escrita e sobre ela, em todos os Estados-nação, há uma outra constituição, esta sim, "**real e efetiva**", exatamente por ser "integralizada pelos fatores reais e efetivos que regem a sociedade". Veja-se o que diz Lassalle:

> Uma Constituição real e efetiva a possuem e hão de possuí-la sempre todos os países, pois é um erro julgarmos que a Constituição é uma prerrogativa dos tempos modernos.
>
> Não é certo isso.
>
> Da mesma forma, e pela mesma lei da necessidade que todo corpo tem uma constituição própria, boa ou má, estruturada de uma ou de outra forma, todo país tem,

necessariamente, uma Constituição real e efetiva, pois não é possível imaginar uma nação onde não existam os fatores reais do poder, quaisquer que eles sejam.

Como igualmente defendo neste livro, é sobre o substrato social ou seguindo o pensamento de **Lassalle** é sobre os "fatores reais e efetivos que regem a sociedade" que há um significativo campo de atuação da cidadania-princípio.

E a cidadania-princípio nada mais é do que uma correção de rumo que consiste em trazer para dentro da sociedade civil o resgate do Imperativo Categórico. Dito de forma mais explícita e clara: a missão de refundar o Estado-nação - *se é que isto é possível* - e eu acredito que é, cabe à cidadania guiada por princípios morais e éticos, exatamente, porque o Estado-nação reproduz com dolência e retardo a fraqueza ou a higidez que lhe for transferida pela cidadania. Qualificar a cidadania, pode significar, a qualificação do Estado-nação. Sem o substrato social e cultural o Estado-nação é um ente vazio de conteúdo, submetido a "fatores reais e efetivos que regem a sociedade" quase sempre de forma subjacente, disfarçada e oculta.

Nesta perspectiva, acentuo que o momento atual, (até os próximos 20 anos) que coincide com o declínio da Indústria 3.0 e o despertar da Indústria 4.0, é um lapso temporal, histórico, uma raríssima oportunidade, para fortalecimento da cidadania e refundação do Estado, *enquanto a grande mídia que sempre forjou a "opinião pública" e as mídias e redes sociais ainda estão sob domínio de massas empolgadas com o novo brinquedo.*

Antevejo o desbaratamento parcial e desejável das velhas engrenagens que sempre forjaram a denominada "opinião pública". Talvez, possa-se, afinal e coletivamente, ressignificar o que muito bem descreveu GRAMSCI, (1932), antes do advento das mídias e redes sociais:

> A opinião pública. O que se chama 'opinião pública' está em estreita conexão com a hegemonia política, ou seja, é o ponto de contato entre a 'sociedade civil' e a 'sociedade política', entre o consenso e a força. O Estado, quando quer iniciar uma ação pouco popular, cria preventivamente a opinião pública adequada, ou seja, organiza e centraliza certos elementos da sociedade civil. História da 'opinião pública': naturalmente elementos de opinião pública sempre existiram, mesmo nas satrapias asiáticas; mas a opinião pública, como hoje se entende, nasceu às vésperas da queda dos Estados absolutos, ou seja, no período de luta da nova classe burguesa pela hegemonia política e pela conquista do poder. A opinião pública é o conteúdo político da vontade política pública que poderia ser discordante: por isso existe a luta

> pelo monopólio dos muitos órgãos da opinião pública: **jornais, partidos, parlamentos**, de maneira que uma **única força modele** a opinião e, assim, a vontade política nacional, dissolvendo os discordantes em poeira individual e inorgânica (Q7, §83).

Recorro, neste ponto, a fundamental ajuda do alemão Bertold BRECHT, (1898 - 1956) especialmente para evidenciar que a atividade política é necessária e imprescindível para o desenvolvimento coletivo e isto sugere a participação subjetiva, solidária e consciente. como elemento de uma engrenagem maior e mais complexa, construída e aprimorada no cotidiano, simples e sem sobressaltos, que inicia-se no "eu" e converge-se para o "nós". A construção é subjetiva e intersubjetiva e requer dever moral:

> O Analfabeto Político
>
> O pior analfabeto é o analfabeto político. Ele não ouve, não fala, nem participa dos acontecimentos políticos. Ele não sabe que o custo de vida, o preço do feijão, do peixe, da farinha, do aluguel, do sapato e do remédio dependem das decisões políticas.
>
> O analfabeto político é tão burro que se orgulha e estufa o peito dizendo que odeia a política. Não sabe o imbecil que, da sua ignorância

política, nasce a prostituta, o menor abandonado, e o pior de todos os bandidos, que é o político vigarista, pilantra, corrupto e lacaio das empresas nacionais e multinacionais.

Até aonde vislumbro, surgem, cada vez mais evidentes, diversos sinais de alerta, eles estão estampados e espalhados por toda parte e há muito tempo, com uma mensagem que se repete: a conduta subjetiva e intersubjetiva carece de aprimoramentos! Até o mais incrédulo dos cidadãos percebe a exaustão do planeta, e esta é uma questão que afeta a própria humanidade. Até o mais reacionário dos cidadãos percebe a exaustão dos Estados-nação-rótulo e esta é uma demanda parcial que afeta de forma diferenciada a grupos de pessoas e nações. Mas todas as demandas da pós-modernidade convergem para uma matriz comum, política, social, ecológica, econômica, urbanística, local e planetária. Esta matriz comum atende pelo conceito hodierno de sustentabilidade.

Nada justificaria o relativo fracasso de Governos e Estados, ditos democráticos, senão a ausência de um elemento que lhe é essencial: a higidez moral (saúde) da cidadania. Porque a democracia sustentada por uma cidadania doente é uma democracia-placebo. A qualificação da política, dos Governos e dos Estados, requer algo que está fora do Sistema Jurídico Interno e que está fora da Lei Fundamental (hipotética). O desengate da "Teoria Pura do Direito" em relação à moral, rendeu muito mais do que se poderia esperar. Continuar esta aposta que consiste em exigir postura moral dos Estados-nação-rótulo, é uma completa insensatez, politicamente insustentável.

Os Estados-nação-rótulo estão exauridos, o mecanismo de renovação de expectativas está perdendo forças, a cada nova eleição, e por isto mesmo reclamam-se, mais e mais eleições, como se a repetição servisse como treinamento para a prática de melhores escolhas. Mas, além do treinamento permanente - *assim estou convencido* - os Estados-nação-rótulo carecem da força propulsora de cidadania qualificada, vigilante, honesta e ativa. Uma tarefa desafiadora diante do grau de esgarçamento do substrato social e coletivo, mas enquanto há vida, há esperança.

Dito isto, volto ao tema central desta seção: imperativo categórico, como sustentabilidade.

A base filosófica consubstanciada nas três obras de Kant referentes à **filosofia moral**, são: *Fundamentação da Metafísica dos Costumes* (1785), *Crítica da Razão Prática* (1788) e *Crítica do Julgamento* (1790).

Immanuel Kant é provavelmente mais bem conhecido pela sua teoria sobre uma obrigação moral única e geral, que justifica e explica as outras obrigações morais resumidas no que Kant denominou de **Imperativo Categórico,** na obra preparatória, por isto denominada fundamentação, em alemão *Grundlegung zur Metaphysic der Sitten.* Neste relevante e breve trabalho publicado em 1785, Kant assenta as bases filosóficas da denominada Lei Universal dos Costumes:

> **Máxima** é o princípio subjetivo da ação e tem de se distinguir do princípio objetivo, quer dizer da lei prática. Aquela contém a regra prática que determina a razão em conformidade com as condições do sujeito (muitas vezes em conformidade com a sua ignorância ou as suas inclinações), e é portanto o princípio segundo o qual o sujeito age; a lei, porém, é o princípio objetivo, válido para todo o ser racional, princípio segundo o qual ele deve agir, quer dizer um **imperativo**. (Nota de Kant).
>
> O **imperativo categórico** é, portanto, só um único, que é este: Age apenas segundo uma máxima tal que possas ao mesmo tempo querer que ela se torne **lei universal**.
>
> Uma vez que a universalidade da lei, segundo a qual certos efeitos se produzem, constitui aquilo a que se chama propriamente natureza no sentido mais lato da palavra (quanto à forma), quer dizer a realidade das coisas, enquanto é determinada por leis universais, o imperativo universal do dever poderia também exprimir-se

assim: *Age como se a máxima da tua ação se devesse tornar, pela tua vontade, em lei universal da natureza.*

Da obra kantiana sobre **Crítica à Razão Pura** (1781) deriva a corrente de pensamento seguida pelos seus discípulos que desejam equipar os "fenômenos sociais" também designados por "fatos sociais" e "coisas" conferindo-se assim um pretenso distanciamento entre o sujeito e o objeto do estudo.

A "coisificação" tem como propósito encontrar e revelar, no âmbito das ciências da sociedade, as denominadas "leis universais" equiparáveis às leis da física ou da matemática, por exemplo. Desta corrente kantiana se valem, dentre outros: Auguste Comte, (*Sistema de política positiva*, em 4 volumes, 1851-1854); Émile Durkheim, *As Regras do Método Sociológico*, 1895) e Hans Kelsen, (*Teoria Pura do Direito*, 1934).

Esse método demonstrou-se inviável. Ora, nas denominadas Ciências Sociais ou Culturais o objeto de estudo é o próprio ser humano, sua subjetividade e sua intersubjetividade. Como o sujeito (reconhecidamente envolvido) poderia distanciar-se do objeto?

Por seu turno, em sentido completamente diverso - *como superação da dualidade de pensamento que antecedeu à obra kantiana* - tomando como base as obras: **Crítica à Razão Prática** (1788) e **Crítica do Julgamento,** (1790) prospera a corrente de pensamento rico e vigoroso seguido por grandes pensadores da atualidade, inclusive membros da escola de Frankfurt, dentre muitos outros: Herbert Marcuse e Jürgen Habermas.

Ação intersubjetiva, com princípio moral: agir com retidão.

A intersubjetividade pode ser entendida como um método de qualificação e aprimoramento do agir comunicativo. Se o entendimento de A, exteriorizado na forma escrita ou falada, coincide com o entendimento de B, ou, no mesmo sentido, se o entendimento do B coincide com o entendimento de A, podemos falar em aproximação do agir comunicativo, por intersubjetividade. Segundo, Habermas:

> Como todo agir, também o agir comunicativo é uma atividade que visa um fim. Porém, aqui se interrompe a teleologia dos planos individuais de ação e das operações realizadoras, através do mecanismo de entendimento, que é o coordenador da ação. O 'engate' comunicativo através de atos ilocucionários **realizados sem nenhuma reserva submete as orientações e o desenrolar das ações** – *talhadas inicialmente de modo egocêntrico, conforme o respectivo ator* – às limitações estruturais de uma linguagem compartilhada intersubjetivamente. (HABERMAS, 1990, p. 130).

Neste ponto, saliento que o argumento de Habermas, acima transcrito, aproxima-se do pensamento liberal defendido por Adam Smith, (Riqueza das Nações, 1776) em relação à mão invisível. De fato, o agir comunicativo no plano subjetivo está em um patamar desolador. Especialmente a comunicação veiculada pelas redes sociais é considerada como algo descartável e, talvez, por isto os interlocutores tendem a agir de forma impensada, imprudente, irresponsável e por vezes, irracional.

Sem dúvida a comunicação, (com o surgimento das redes sociais) ganha em velocidade e perde em conteúdo e seriedade. Qualquer um escreve o que quer, quando quer, sobre qualquer assunto. Isto difere do conceito de intersubjetividade ou ação comunicativa por que o conteúdo replicado em redes sociais, pode ser meramente repassado, sem qualquer validação, permanece como conteúdo subjetivo semelhante a uma propaganda com propósito de mera adesão, sem compromisso com a verdade.

Diante deste aparente impasse conceitual, formulo uma diferenciação entre o **agir comunicativo**, (voltado ao aprimoramento do Estado e da democracia, tal como pretende Habermas) e o **agir estratégico**, (voltado ao aprimoramento do comércio e do mercado, mais próximo ao conceito de mão invisível de Adam Smith).

Dito isto, vou ao ponto central em discussão: o agir comunicativo, com conteúdo voltado ao aprimoramento da democracia, tem, necessariamente, âncoras morais e, por isto inclino-me a associá-lo ao imperativo categórico; no ponto oposto, em fortalecimento ao mercado e em detrimento do Estado, encontra-se o agir estratégico, (*o agir com esperteza*), sem qualquer âncora moral, por isto eu o associo ao imperativo hipotético. A tradução destes conceitos pode ser correlacionada com duas expressões do linguajar popular equivalentes a agir com retidão, (imperativo categórico) e agir com esperteza ou destreza, (imperativo hipotético).

O agir comunicativo é construtivo e sustentável, o agir estratégico é destrutivo e parasitário. A ação estratégica está, a cada dia, alcançando mais e mais adeptos, dissociados de compromisso moral e voltados a viver os seus limites individuais, *sem limites*. A tensão entre a ação estratégica e a ação comunicativa produz e reproduz a tensão entre o mercado e o Estado.

Na minha percepção, o agir estratégico adotado como instrumento individual direcionado ao sucesso é predatório e parasitário. A ação individual que parte do imperativo hipotético esbarra-se em um limite intransponível, a exaustão do planeta terra. A ação estratégica quando gera bons resultados no curto prazo, gera a destruição no longo prazo. A ação estratégica é insustentável na mesma medida que o imperativo categórico é sustentável.

A sobrevivência da própria humanidade, ao meu ver, está comprometida pela preponderância da ação estratégica em detrimento da ação comunicativa. Estes dois núcleos tendem a afastar-se como um movimento de repulsão. Esta tensão, este movimento de repulsão, ocorre também em âmbito macro, opondo o mercado ao Estado.

O sujeito soberbo e bem-sucedido valoriza ao extremo o mercado e despreza o Estado. O mercado está em alta, o Estado está em baixa. Esta oposição tende a agravar-se com o fortalecimento do subjetivismo e o enfraquecimento do intersubjetivismo.

Parece evidente, quando se amplia o olhar - *para abarcar-se a visão do todo* - que, neste emaranhado de poucos Estados hegemônicos, associados a mercados globais, sobressalta-se, como evidência, dois grandes grupos perdedores: os Estados-nação fracos e as populações que vivem encurraladas em seus territórios vazios de poder e de riqueza.

A ação estratégica, cada vez mais preponderante nos Estados-nação fracos, é um contrassenso difícil de ser entendido e de ser percebido, porque a sobrevivência de grupos hegemônicos, no interior dos Estados-nação fracos, produz e reproduz o mesmo resultado e a mesma consequência que propicia o fortalecimento de poucos Estados-nação hegemônicos, associados a mercados globais que vulneram os Estados-nação fracos.

A ação comunicativa, cada vez mais residual nos Estados-nação fracos, poderia constituir-se em antídoto à força avassaladora do mercado. O fortalecimento da cidadania, (que designo como cidadania-princípio) poderia ser alcançado pela via da ação comunicativa, tendente à refundação dos Estados-nação. Infelizmente, nada indica a superação do impasse. O mercado forte e avassalador, globalmente, em benefício de Estados-nação hegemônicos, é o ouro-de-tolo que continuará embevecendo o sonho dos Estados-nação fracos, propensos a perpetuarem-se como síndicos da miséria.

A linha de defesa dessa situação vexatória é o rompimento do ciclo vicioso provocado pela ação estratégica fundada em regras e em imperativos hipotéticos, tão em moda em todos os Estados-nação-rótulo, em busca do estágio consubstanciado na ação comunicativa, fundamentada no intersubjetivismo qualificado por princípios.

Como mero exercício, pensemos em uma corrente formada por juízos ou entendimentos sobre determinado assunto, ratificada ao longo dos tempos por diversos indivíduos. Um indivíduo A, chega a uma determinada conclusão, outro indivíduo B, a complementa, o outro C, a aprimora. Percorre-se, desta forma, entendimentos subjetivos sucessivos e chega-se ao entendimento intersubjetivos. Acontece que - *como é elementar perceber-se* - a intersubjetividade tendente a construção de consensos para atingir conhecimento e saber sustentáveis.

De fato, consensos podem ser construídos, entre indivíduos diversos, para o bem e para o mal. A intersubjetividade tendente à construção de consensos na área do saber ou do conhecimento, deve, portanto, partir da busca de propósitos sustentáveis, ou, dito de forma equivalente, a intersubjetividade como bom entendimento deve objetivar sustentabilidade e busca coletiva do bem comum.

Neste livro, ponho em relevo a contribuição inestimável de Kant. Enquanto o debate dos filósofos da sua época girava em torno da "descoberta" de uma lei universal que servisse de guia à conduta humana, Kant, propôs o caminho do agir individual, pautado na conduta subjetiva, sob o pleno domínio de cada um individualmente, (saber subjetivo). O agir de cada um, segundo Kant, deveria ser tão íntegro que levasse o próprio sujeito da ação a desejar que ela se reproduzisse nas ações dos seus semelhantes, (saber intersubjetivo) até tornar-se uma lei universal. Esta formulação moral foi escrita em 1789, coincidentemente, dois anos depois da promulgação da Constituição em 1787: *Age como se a máxima de tua ação devesse tornar-se, através da tua vontade, uma lei universal.*

A *máxima* que consubstancia o imperativo categórico, acima transcrito, representa algo desejável universalmente. Kant, no entanto, reconhece que o imperativo denominado hipotético é valioso para objetivos limitados, no tempo e no espaço. Diz Kant, (1789):

> Estes imperativos *(hipotéticos)* podem por isso chamar-se imperativos de destreza. Se a finalidade é razoável e boa não importa aqui saber, mas tão-somente o que se tem de fazer para alcançá-la. As regras que o médico segue para curar radicalmente o seu doente e as que segue o envenenador para o matar pela certa, são de igual valor neste sentido de que qualquer delas serve para conseguir perfeitamente a intenção proposta.

Poucos anos depois em 1885, em outro livro, (Crítica à Razão Pura), escreve Kant, dois textos um sobre o subjetivismo infantilizado que, nos dias atuais pode ser traduzido como pós-verdade e outro sobre a intersubjetividade. Ou seja, Kant, mapeou, há mais de 130 anos atrás os desafios que continuam persistentes e crescentes:

> (*Subjetivismo infantilizado*). Mesmo vivendo em um mundo obcecado pelo consumo rotular, é possível buscar o esclarecimento. Até nas atividades cotidianas pode-se encontrar o

esclarecimento. Para um indivíduo que se acostumou com a condição de menoridade, a saída desta não é fácil, nem impossível. (KANT, 1985, Crítica à razão Pura, p. 102).

(*Intersubjetivismo*). O destino não foi até hoje tão favorável que permitisse trilhar o caminho seguro da ciência à *metafísica*, conhecimento especulativo da razão completamente à parte e que se eleva inteiramente acima das lições da experiência, mediante simples conceitos (não, como a matemática, aplicando os conceitos à intuição), devendo, portanto, a razão ser discípula de si própria; é, porém, a mais antiga de todas as ciências e subsistiria mesmo que as restantes fossem totalmente subvertidas pela voragem de uma barbárie, que tudo aniquilasse. Na verdade, a razão sente-se constantemente embaraçada, mesmo quando quer conhecer *a priori* (como tem a pretensão) as leis que a mais comum experiência confirma. É preciso arrepiar caminho inúmeras vezes, ao descobrir-se que a via não conduz aonde se deseja; e no que respeita ao acordo dos seus adeptos, relativamente às suas afirmações, encontra-se a metafísica ainda tão longe de o alcançar, que mais parece um terreiro de luta, propriamente destinado a exercitar forças e onde nenhum lutador pôde jamais assenhorear-se de qualquer posição, por mais insignificante, **nem fundar**

sobre as suas vitórias conquista duradoura. Não há dúvida, pois, que até hoje o seu método tem sido um **mero tateio** e, o que é pior, um tateio apenas entre simples conceitos.

Estou de acordo com Kant. Acontece que somos vaidosos demais, somos soberbos demais, somos individualistas demais, para acharmos que a lei universal reside em algo tão singelo e tão singular quanto apenas tomar como base a conduta individual, um agir cotidiano que seja individualmente sustentável, que seja coletivamente desejável. De fato, como seres individuais somos infantilizados, escondendo em escaninhos secretos as ações deploráveis, degradantes e insustentáveis. Neste mesmo sentido, revisito Karl-Otto APEL:

> Quem reflete sobre a relação entre ciência e ética na moderna sociedade industrial planetária se defronta, a meu ver, com uma situação paradoxal. Pois, de um lado, a carência de uma ética universal, isto e, vinculadora para toda a sociedade humana, nunca foi tão premente em nossa era, que se constitui numa civilização unitária, em função das consequências tecnológicas promovidas pela ciência. De outro lado, a tarefa filosófica de uma ética universal jamais parece ter sido tão complexa, e mesmo sem perspectiva, do que na idade da ciência. Isso porque a ideia da validez intersubjetiva é, nesta

> era igualmente prejudicada pela ciência: a saber, pela ideia cientificista da "objetividade" normativa neutra ou isenta de valor.
>
> Uma **norma fundamental**, no sentido mencionado, é, também e sobretudo, a transformação, declarada por Habermas como 'regra de argumentação', do princípio kantiano de universalização (portanto, do imperativo categórico) na fórmula 'U': Qualquer norma válida deve satisfazer a condição de que as consequências e os efeitos colaterais, que resultarem previsivelmente da sua observância geral para a satisfação dos interesses de cada um dos indivíduos, possam ser aceitos sem coação por todos os afetados (APEL, 2004, p. 248).

Em complemento ao pensamento de APEL, considero que a razão comunicativa deve impregnar-se, como pressuposto necessário, de conduta subjetiva moral, tal como traduzido por Kant, em imperativo categórico, (1786). O Estado-nação e o sistema jurídico interno que lhe dá sustentação (superestrutura) é, ao meu ver, insatisfatório para corrigir todas as distorções morais carreadas pela sociedade civil, sob a preponderância negativa e nefasta da cidadania-regra.

O entendimento jurídico, representado, especialmente pela hermenêutica constitucional, encerra uma distorção incontornável, ao estabelecer como ponto de correção dos vícios morais da sociedade civil o Estado-nação. Pior ainda, alocar esta atribuição ao Estado-juiz significa apostar em algo que será sempre residual. Para mim, esta solução é mera ilusão. É discurso acadêmico e retórico.

Basta verificar o desalinhamento doentio provocado pela ação caracterizada pela esperteza, pela ação subjetiva e intersubjetiva que visa ao sucesso imediato e a qualquer custo, para perceber-se que o Estado-juiz, ainda que fosse atuante e presente, seria insuficiente - *como efetivamente o é* - para promover diferença no âmbito da sociedade civil.

Para os Estados-nação-rótulo a interpretação das "Cartas Magnas" pelo paradigma proposto por DWORKIN assemelha-se a algo pitoresco, sem significado na vida real. Os Estados-nação-rótulo, síndicos da miséria encontram-se a alguns anos luz de distância deste receituário hermenêutico constitucional:

Vejamos o entendimento de DWORKIN, sobre a atitude interpretativa e prática vinculada a princípios:

> É uma atitude interpretativa e auto reflexiva, dirigida à política no mais amplo sentido. É uma atitude contestadora que torna **todo cidadão** responsável por imaginar quais são os **compromissos públicos de sua sociedade com os princípios**, e o que tais compromissos

> exigem em cada nova circunstância. (...) A atitude do direito é construtiva: sua finalidade, no espírito interpretativo, **é colocar o princípio acima da prática para mostrar o melhor caminho para um futuro melhor**, mantendo a boa-fé com relação ao passado. É, por último, uma atitude fraterna, uma expressão de como somos unidos pela comunidade apesar de divididos por nossos projetos, interesses e convicções. Isto é, de qualquer forma, o que o direito representa para nós: para pessoas que queremos ser e para a comunidade que pretendemos ter. (DWORKIN, 1999, p. 492).

Em linguagem simples e acessível, proponho resumir esta seção com uma breve reflexão. O senso comum coloca em relevo tudo que foi dito de forma direta. Assim, a intersubjetividade com observância do princípio da moral pode ser expresso em poucas palavras: **agir com retidão**. Quem age com retidão repele a atitude oportunista, própria de estelionatários e de vigaristas.

Nas sociedades aonde preponderam condutas e ações oportunistas. Nos Estados-nação-rótulo dominados pela mentira, pela esperteza, pela busca incessante de levar vantagem em tudo, parece insensato acreditar que o Estado-juiz possa corrigir no ponto extremo, no topo da pirâmide, no final da linha, as mazelas sociais interiorizadas em todos os escaninhos e pontos obscuros, criados e manipulados por sujeitos que são habituados, aprimorados e especialistas em agir para camuflar, distorcer e destruir as ações que visem ao bem comum que, em geral, sofrem o estigma de ser ação de sujeitos retardados que desprezam oportunidades.

Observe, caro leitor, que nos Estados-nação-rótulo, nos países síndicos da miséria, há uma correlata cultura de oportunismo. A esta cultura nefasta e destrutiva, associo o conceito de cidadania-regra, constituída preponderantemente por sujeitos que exercitam direitos ao extremo, mas se negam a cumprir obrigações e deveres e assumem a característica de estelionatários, em busca de proveitos e situações privilegiadas.

Essa horda formada por estelionatários incorrigíveis apropria-se de tudo, com uma conduta padrão de deboche e desprezo pela vida em sociedade: nas estradas, ultrapassa pelo acostamento; nas ruas, invade o sinal vermelho; no momento de construir a moradia, avança sobre a área do vizinho; na vida familiar, coage avós a conceder-lhe "empréstimo"; na política postula vantagem, em troca de voto; na função judicial, (como juiz, desembargador ou ministro), vende liminares e *habeas corpus*; na atuação como agente de Governo, pede e recebe propina; na atividade econômica, como empresário, é ávido para *dançar conforme a música.* Essas ações comandadas pela esperteza estão orientadas para objetivos pessoais e imediatos, por isto mesmo traduzem-se em desprezo pelos demais sujeitos e ignoram os efeitos nefastos e perversos de médio e longo prazos.

Para essa corrente de aproveitadores e estelionatários, com crescente número de adeptos e seguidores, os demais sujeitos que agem com retidão, são imbecis e idiotas, incapazes de perceber e aproveitar oportunidades. É sobre este cenário devastador que se pretende que os Estados-nação-rótulo operem milagres.

Devo adiantar que a minha reflexão sobre o tema da hermenêutica constitucional defendida com tanta ênfase pelos seguidores do neopositivismo, em especial, DWORKIN apenas corroboram a defasagem que persiste entre a ausência de conteúdo moral na vida cotidiana e a tentativa vã de correção pelos meios coercitivos pensados como solução tendo por base a atuação dos Estados-nação, como se o eventual efeito demonstração pudesse influenciar e coibir os desmandos morais intencionalmente perpetrados por todos durante todo tempo.

De fato, nos Estados-nação-rótulo - *passam longe da realidade vivenciada* - as elucubrações teóricas ensaiadas como respostas às mazelas internalizadas no cotidiano da sociedade civil. As tentativas de remendo, por mais bem-intencionadas que sejam, são insuficientes porque o ambiente político está minado por ações oportunistas vindas de todas as direções.

As características da democracia-placebo, nos Estados-nação-rótulo podem ser assim resumidas: as reivindicações da sociedade civil, são emergenciais. As questões de vida ou morte preponderam, ou as soluções para os problemas surgem rapidamente, ou tudo estará perdido; na esfera de Governo, os agentes políticos que dependem de voto, ou encontram solução para problemas imediatos ou perdem base de sustentação eleitoral; os Estados-nação-rótulo, premidos entre as reivindicações imediatas e os agentes políticos carentes de votos, ficam aprisionados em questões imediatas e tornam-se incapazes de perceber e solucionar problemas estruturais de médio e longo prazos.

Há uma expressão popular que define bem esta percepção que vai tomando vulto como verdade insuperável, em relação aos indivíduos: *em corpo de barriga vazia, a cabeça só pensa em comida.* Claro, subjetivamente, isto é intuitivo perante todo o reino animal racional, (pensante) ou irracional.

Seguindo esta mesma lógica, todo o esforço dos Governos dos Estados-nação-rótulo, concentram-se em atender as demandas da *barriga vazia* e com isto as demandas voltadas ao cérebro do próprio Estado-nação ficam relegadas ao ostracismo. Atrofiam-se e degradam-se as atividades voltadas ao cérebro do Estado-nação-rótulo: Universidades, como cérebro das atividades de ensino, extensão e pesquisa, são sucateadas; cientistas, pesquisadores e doutores interrompem, estudos e pesquisas por falta de apoio institucional e financeiro; o debate é sistemática e permanentemente interditado, sob os mais diversos pretextos; sem pesquisa e sem planejamento o ciclo vicioso passa a justificar a inércia do próprio Estado-nação-rótulo incapaz de gerir problemas previsíveis. A degradação do tecido social é a consequência mais visível da dormência mental que acomete o cérebro dos Estados-nação-rótulo.

Diante deste ciclo natural (*porque de tanto repetir-se passa a ser considerado natural, corriqueiro, previsível*), as pessoas mais jovens ou mais aptas fogem dos territórios submetidos à soberania secundária dos Estados-nação-rótulo que passam a ser, cada vez mais e caracteristicamente, síndicos da miséria.

Como síndicos da miséria, a incapacidade dos Estados-nação-rótulo é marcada pelo desespero em busca de soluções emergenciais diante de problemas estruturais que só se resolvem a médio e longo prazos. Enredados pelo método da tentativa e erro, enclausuram-se na redoma do direito e esquecem-se que a essência da ação do Estado é planejamento e gestão. Com a capacidade de gestão reduzida ou anulada, a situação vivenciada pelos Estados-nação, síndicos da miséria, assemelha-se ao abraço dos afogados: toda sociedade civil, submetida a preponderância da cidadania-regra, entra em colapso.

Certamente, antevendo essa situação vexatória, o Senador brasileiro, Ruy Barbosa, (1914), proferiu um discurso sob o título vergonha, com sinais claros de alerta, mas infelizmente, desde então, a degradação parece ter-se agravado significativamente.

> De tanto ver triunfar as nulidades, de tanto ver prosperar a desonra, de tanto ver crescer a injustiça, de tanto ver agigantarem-se os poderes nas mãos dos maus, o homem chega a desanimar da virtude, a rir-se da honra, a ter vergonha de ser honesto ... Essa foi a obra da República nos últimos anos.
>
> No outro regime (Monarquia) o homem que tinha certa nódoa em sua vida era um homem perdido para todo o sempre - as carreiras políticas lhes estavam fechadas. Havia uma sentinela vigilante, de cuja severidade todos se temiam a que, acesa no alto, guardava a redondeza, como um farol que não se apaga, em proveito da honra, da justiça e da moralidade gerais.
>
> Na República os tarados são os tarudos. Na República todos os grupos se alhearam do movimento dos partidos, da ação dos Governos, da prática das instituições. Contentamo-nos, hoje, com as fórmulas e aparência, porque estas mesmas vão se dissipando pouco a pouco, delas

> quase nada nos restando. Apenas temos os nomes, apenas temos a reminiscência, apenas temos a fantasmagoria de uma coisa que existiu, de uma coisa que se deseja ver reerguida, mas que, na realidade, se foi inteiramente.
>
> E nessa destruição geral de nossas instituições, a maior de todas as ruínas, Senhores, é a ruína da justiça, colaborada pela ação dos homens públicos, pelo interesse dos nossos partidos, pela influência constante dos nossos Governos. E nesse esboroamento da justiça, a mais grave de todas as ruínas é a falta de penalidade aos criminosos confessos, é a falta de punição quando se aponta um crime que envolve um nome poderoso, apontado, indicado, que todos conhecem... (Ruy Barbosa, 1914).

Creio que nada pode ser mais humilhante e axiologicamente vexatório diante do direito internacional, (*um insulto permanente e aberto à dignidade humana*), do que as campanhas veiculadas pelas redes de televisão em nível global expondo homens, mulheres e crianças miseráveis, subnutridas e enfermas, (*questão de vida ou morte*) que necessitam da caridade de doadores mundiais piedosos porque os Estados-nação-rótulo aonde vivem esses miseráveis estão, também, tal como a cidadania-regra, impregnados pela busca de sobreviver por mais um dia.

A consequência poderia e deveria ser prevista e esperada, a ação orientada pela esperteza que pode ser traduzida pela conceituação kantiana, como imperativo hipotético apenas distorce resultados na apropriação de ganhos aparentes, superficiais e transitórios. A continuidade da mesma conduta de sempre, produzirá os resultados até então alcançados. A ilusão de trilhar o caminho da esperteza de todos contra todos é, certamente, o pior caminho a seguir coletivamente, mas, contraditoriamente, é também o mais cômodo e torna-se preponderante e corriqueiro.

A revelação dessa realidade é avassaladora, mas a única lei universal possível na área dominada pela conduta humana, foi revelada por Kant e pode ser designada como imperativo categórico, agir com retidão, ou ação sustentável, em qualquer das suas formas, o conteúdo, com ou sem variantes, guarda o mesmo sentido moral: *Age como se a máxima de tua ação devesse tornar-se, através da tua vontade, uma lei universal.* (Kant, 1785).

A cultura fácil do descartável, do superficial, do insustentável cobra o seu preço. O Estado-nação - *sem a menor chance de êxito diante da monumental empreitada* - passa a ser chamado e exigido a responder por desvios éticos e morais que constituem o cerne da vida cotidiana.

A esperteza, a sordidez, a deslealdade e o exibicionismo tornam-se regras para o reconhecimento público, o triunfo pessoal e o sucesso político, diante da democracia-placebo e da cidadania-regra.

Isto é, evidentemente, insustentável, até porque, se todos os indivíduos passam a condição de espertos e estelionatários, faltarão otários - *e esta é uma consequência deplorável, mas absolutamente lógica* - para serem explorados, enganados e extorquidos por tantos vigaristas, em todas as áreas de atuação: consumo; comércio; serviços; indústria; bolsas; bancos; meio político; etc...

Em uma sociedade de estelionatários o aparato repressivo, posto à disposição do Estado será, sempre, ineficiente e insuficiente e o mesmo se diga do sistema carcerário, sobrecarregado a exigir investimentos dos Estados-nação-rótulo, sob pena de ficarem expostos a situação internacionalmente vexatória, perante os Estados-nação, dito civilizados.

Capítulo 2 – Pós-verdade e política-holofote.

A ignorância assumida como verdade: **a pós-verdade**!

Caro leitor, nos deparamos com temas pouco habituais, no noticiário e no jargão jornalístico. Uma expressão em inglês, especialmente, passou a fazer parte do noticiário cotidiano. Refiro-me à expressão *fake news* (em português), notícias falsas.

A grande mídia que - *como já deixei apontado em* *Indústria 4.0: Riqueza, Cidadania e Estado* - adota como tendência predominante a atitude de repulsa a tudo que diga respeito à Indústria 4.0 e procura desqualificar as redes sociais associando-as à produção e proliferação de *fake news*.

Até onde posso perceber, este fenômeno é bem mais abrangente a atinge, até mesmo o país atualmente mais poderoso e mais rico do mundo: os Estados Unidos da América.

Sobretudo, a política nos tempos da pós-verdade é especialmente utilizada por partidos populistas de direita que defendem posições retrógradas e mistificadoras em relação às evidências científicas sobre mudanças climática. Ao fazer isso, partidos e políticos conservadores desafiam conferências e acordos internacionais fundamentados em consensos ou o que eles percebem como "politicamente correto" no contexto da mudança climática.

Os políticos da pós-verdade esmeram-se em ostentar a condição de politicamente incorretos e, para permanecerem na mídia social ou tradicional, fazem todas as peripécias em busca de holofotes. *Fake news*, holofotes, personalismo, vaidade é parte de um cenário de esperteza política desmedida.

Para configurar a amplitude do fenômeno denominado *fake news*, procuro, neste livro, associá-lo a um processo crescente de destruição e de desprezo pelo pensamento racional e intersubjetivo, que designo como RAZÃO, refutável ou convalidável, por outros indivíduos que exerçam livremente "ação comunicativa" como prefere Habermas.

> Na ação comunicativa, os participantes [...] buscam seus objetivos individuais respeitando a condição de que podem harmonizar seus planos de ação sobre as bases de uma definição comum de situação. Assim, a negociação da definição de situação é um elemento essencial do

complemento interpretativo requerido pela ação comunicativa.

Assim defino a base da ação comunicativa: verdade intersubjetiva ratificada, (verticalmente) ao longo de gerações ou (horizontalmente) por múltiplos sujeitos de uma mesma geração, tendo como base o exercício efetivo da fala e da comunicação entre sujeitos hábeis ao diálogo tendente à obtenção de consensos. Ressalto que isto é extremamente desafiador, sobretudo, se considerarmos a profusão de saberes, ideologias e conhecimentos concomitantes e acumulados, disponíveis e acessíveis em todos os lugares e postos à disposição de todos os indivíduos com ou sem padrão ético para o exercício da fala.

Se você é uma pessoa letrada, certamente já percebeu que a prevalência das opiniões e pensamentos subjetivos agora ocupa o espaço em grupos uniformes, mais ou menos homogêneos e harmônicos, que produzem e repercutem ignorâncias como se fossem saberes, como se fossem verdades.

Essa prevalência da ignorância sobre o saber é algo perigoso, extremamente grave e está pondo em risco grupos, Estados-nação e a própria humanidade.

A título de exemplo, pode-se explicitar o "***slogan*-fantasioso**" formulado e difundido por Donald Trump (atual presidente dos Estados Unidos) sobre "medidas protetivas" como base um raciocínio político para justificar a força interna da economia dos Estados Unidos na legítima e ao mesmo tempo ilusória recuperação de empregos internos, especialmente em territórios dos Estados-membros, como Michigan, com sua importante cidade portuária Detroit, o maior centro mundial da indústria automobilística, durante do século passado. Fase da Indústria 3.0.

A ideia antiglobalização, defendida por quem pretendia representar o Estado-nação, mais globalizado do mundo, parecia e de fato demonstrou-se um grande equívoco e contrassenso coletivos, patrocinados por uma sociedade tida e havida como próspera, inteligente e democrática.

Em 2016, Trump e seus eleitores bradavam: ***Make America Great Again*** (Torne a América Grande Novamente), abreviado como **MAGA.** *Slogan* similar a este já havia sido adotado durante a campanha presidencial de Ronald Reagan, em 1980.

Pois bem, decorridos apenas dois anos do governo Tramp que "prometia" alcançar superávit na Balança de Pagamentos, aquecimento do mercado interno, proteção dos empregos para os cidadãos nativos e mais prosperidade interna, trouxe um resultado desastroso, porém esperado: os Estados Unidos, experimentaram, **em 2018**, o maior déficit comercial da sua história, nos últimos 10 anos.

Durante o período eleitoral Donald Trump ***convenceu*** o eleitorado que a sua proposta de governo, fundamentada em ***slogan*-fantasioso** era viável. No entanto, esta aparência frágil daquilo que foi absorvido como verdade desmoronou e, apenas dois anos depois, os resultados são desalentadores.

A excelente matéria assinada por SANDRO POZZI/ANTONIA LABORDE, (07mar2019) que Trump classificaria como uma fábrica de *fake news*, revela bem a distância entre a prepotência e a arrogância do proponente e os resultados alcançados. A matéria é ilustrativa para o tema deste livro, por isto passo a transcrever alguns trechos:

> O fracasso colhido na dupla frente da migração e do comércio exterior, quando acaba de completar seu segundo ano de mandato, poderiam levar o republicano a justificar sua estratégia de pulso firme. Na campanha de 2016, Trump insistiu em que sua estratégia protecionista contra a China, o Canadá e a União Europeia reduziria imediatamente o déficit comercial norte-americano.
>
> O desequilíbrio entre o que os Estados Unidos importam e exportam chegou a 621 bilhões de dólares (2,39 trilhões de reais) em 2018. O déficit

cresceu 12,5% em um ano e 23% em relação à cifra que herdou de Barack Obama.

É o maior déficit desde 2008, um recorde histórico. Este aumento ocorre apesar da imposição de tarifas adicionais às importações chinesas – produtos essenciais para fabricantes de automóveis e eletrodomésticos, como o aço e o alumínio – aprovados no ano passado.

As estatísticas refletem assim que o déficit com a China no intercâmbio de bens foi de 419,2 bilhões de dólares (1,6 trilhão de reais) em 2018, 11% a mais que no ano anterior. Em seguida vem o México, que tem um superávit de 81,5 bilhões de dólares (313 bilhões de reais) no comércio com os EUA, depois de registrar um aumento de 15% em um ano. O déficit com a Alemanha supera 68,2 bilhões (261,9 bilhões). Com os países da União Europeia como um todo, esse valor cresceu 12% no ano e chegou a 169,3 bilhões de dólares (650 bilhões de reais).

O que se pode concluir sobre este distanciamento entre o real e o prometido em *slogans* produzidos para incutir no eleitorado "uma verdade" sem lastro e sem sustentação na realidade?

A realidade, a vida real, tem curso próprio insensível aos slogans. A realidade, perceptível por todos com o passar dos anos, afronta as "verdades fabricadas", os raciocínios ilusórios e a mistificação. Há uma distância considerável entre um bom marqueteiro e um bom gestor. Um bom marqueteiro transforma produtos corriqueiros em verdadeiros sonhos e o mau gestor transforma administrações exitosas em pesadelos.

A principal fonte de difusão das "verdades fabricadas" e divulgadas por Donald Trump para atrair e convencer eleitores republicanos, é o Twitter. Essas "verdades" por mais absurdas que possam transparecer do ponto de vista da RAZÃO, são dogmas que encontram grau de identidade com outros tantos sujeitos que cultuam a mesma pretensão ou visão **comprovadamente imbecilizada** de transformar a realidade pela simples adesão unindo-se em uma corrente e potencializado juízos de valor ou ELOS fundamentados na ignorância.

Os elos (ou juízos de valor) da corrente de ignorância são, na essência, similares aos elos da corrente do saber. A diferença fundamental é que os elos do saber são construídos mediante discurso argumentativo, aberto e ético na busca de verdade, enquanto que os elos da corrente da ignorância são resistentes a qualquer forma de argumentação, estão pré-formatados, prontos e lacrados e são, portanto, arredios à luz da RAZÃO.

Todo o esforço na formação dos elos da corrente de ignorância é caracterizado por urgência, superficialidade ou mistificação. A luz, ainda que tardia, mata toda a corrente de ignorância que será sempre superada pela verdade impostas por fatos objetivos e argumentos que foram propositalmente afastados, *a priori,* tal como na célebre pretensão dos autores do Código de Napoleão, **publicado em 1804**, considerado como perfeito e imodificável: … *nós proibimos expressamente aos jurisconsultos de ter a temeridade de acrescentar seus comentários e partilhar a sua confusão nesta coletânea.*

Na formação da corrente de ignorância os partícipes têm características comum: são passionais, intelectualmente preguiçosos, conservadores, retrógrados, arredios ao debate e adotam uma postura de autossuficiência com permanente desprezo pelo debate e pela formulação e apresentação de argumentos. O desfecho das breves incursões sobre política ou democracia para esses cidadãos resumem-se em tautologias: "... é assim porque é assim e pronto"; "... entendo, mas discordo completamente"; "… ora, concordo … porque concordo" … **é** porque **é** ... Diante desses "interlocutores" qualquer insistência em travar um debate é prontamente rechaçado por atitudes de ódio, ressentimento, frustração e medo.

Há uma matéria jornalística sobre Trump que ilustra bem o que acabei de assinalar. Passados mais de 100 anos desde a publicação do Código de Napoleão, eis que surge algo igualmente estúpido. Ao lhe ser apresentado um relatório sobre o clima o Presidente

Donald Trump exclamou: "Eu vi, li um pouco e está tudo bem. ***Eu não acredito***".

Como alguém pode opor-se a um relatório científico com uma exclamação como está: "... ***não acredito***". E, pior ainda, como alguém com um grau de argumentação tão tosco e elementar pode chefiar o governo da maior potência econômica do mundo, **sem causar estragos**? O que se poderia esperar desta aventura dos cidadãos que o elegeram?

A matéria publicada, em 27/11/2019, pelo DW News traz a seguinte notícia: "O documento, encomendado pelo Congresso americano, inclui pareceres de **13 agências federais** e foi escrito por **300 cientistas**. O relatório estima que o país pode perder "muitas centenas de milhares de milhões de dólares" até ao final do século devido às mudanças climáticas.

Situações similares a esta tornam-se corriqueiras e repetem-se em todos os continentes, em diversos países. Há, portanto, um problema a ser enfrentado: o postulado da democracia, como processo legítimo de escolha, **ESTÁ sob constante ameaça de burla**, mediante a apresentação de promessas absurdas, ilusórias, falsas e distorcidas, sabidamente inalcançáveis!

Eventos como este que acabo de relatar e que, efetivamente, ameaçam a credibilidade do processo de escolha coletiva, pelo voto, resultam de juízos de avaliação mal formulados. Dito de forma direta, eventos como estes resultam da prevalência da ignorância como verdade a priori.

Por sua vez a ignorância como verdade *a priori* prevalece por meio de slogan e frases que são formuladas e massivamente divulgados, com o objetivo de captar apoios políticos e renovar o compromisso dos cidadãos que apostaram, originalmente em A ou B como seu legítimo representante.

A prevalência da ignorância como verdade *a priori*, com consequências mais ou menos grave, a depender do grau de ignorância e do apoio que arregimenta, tem o potencial de colapsar a credibilidade da democracia, como processo de escolha.

Por mais catastrófico que isso posso parecer, o grau de risco é agravado quando os adeptos da ignorância prevalecente passam a formar verdadeiras correntes de cidadãos defensores da ideia/ignorância original. Quando isso acontece, esses defensores, transformam-se em torcidas cegas, tendentes a formar hostes de cidadãos refratários a verdade vivenciada.

Relatos e notícias sobre o processo eleitoral brasileiro evidenciam características similares a estas que acabo de evidenciar, em relação aos eleitores de Bolsonaro, recém-eleito presidente do Brasil que cultua como ídolo o seu colega Donald Trump.

Tal como Donald Trump e Bolsonaro, outros "líderes", eleitos democraticamente, tendo por base a manipulação de "verdades" estão pondo em risco, em graus variáveis de gravidade, os Estados-nação que representam, tanto no ambiente político interno quanto no cenário internacional.

As questões, ***ainda sem respostas***, que relacionam "verdades *a priori*" ou "*slogans*-verdade" com a necessária credibilidade do postulado coletivo da democracia que passo a formular são:

Que aprendizado pode-se extrair dessas situações de histeria coletiva em escolhas sabidamente desastrosas?

Como o processo de escolha de representantes pode ser aprimorado, antes que aconteçam traumas duradouros ou irreversíveis?

A Democracia, como processo e aspiração coletiva para a escolha dos supostamente mais hábeis, será preservada?

Existe tempo, espaço e vigor civilizatório para diálogo e busca de consenso no fortalecimento e revalidação do processo democrático?

Os processos democráticos de escolha, repetidamente desastrosos e malsucedidos, podem acarretar traumas e gerar retrocessos?

Qual o papel das redes sociais e das mídias sociais no fortalecimento da cidadania e na refundação dos Estados-nação comprometidos com a democracia?

Positivismo Jurídico e Estados-nação-rótulo.

A expressão Estado-nação-rótulo tal como a defino, serve ao propósito de demonstrar o acerto parcial, o meio do caminho, a bandeira a meio-mastro a que chegou Hans Kelsen, seus discípulos e juristas cultores da Teoria Pura do Direito. A concepção de Constituição, como *lei fundamental hipotética*, espalhou-se por todo o mundo. A exemplo disto, todos os Estados-nação de língua portuguesa são dotados de suas respectivas constituições e estão estruturados hierarquicamente em instâncias e cortes tendo no ápice a Corte Constitucional, em geral denominada Supremo Tribunal, escalado como o guardião da Constituição ou Carta Magna.

Um feito notável, mas insustentável!

Afinal foi erguido um castelo suntuoso e belo, uma preciosidade para se contemplar com obra da razão pura. Olha só que maravilha: todo Estado Democrático de Direito é regido por uma Carta Magna. O furo da concepção está exatamente no pressuposto que o sustenta, ou seja, juízo analítico *a priori* e, tal como acontece com todo juízo analítico *a priori,* dizer que todo Estado Democrático de Direito é regido por uma Carta Mágica equivale a dizer que todo triângulo tem três ângulos, ou seja, o predicado nada acrescenta ao sujeito.

No entanto, ao contrário do que possa parecer, considero o que denomino **Estado-nação-rótulo** como um Estado-nação formalmente constituído com graus de funcionamento entre precário e vergonhoso, mas, apesar de todas as mazelas históricas, a mera existência formal desses quase-Estados, com poderes constituídos e em funcionamento deve ser festejado.

O que se precisa compreender, com urgência - *antes que o efeito placebo se esgote sem a consolidação de processos democráticos fortes* - é que a necessária retomada da equação inicial superada, em tese, por Kant, em 1789 em um notável trabalho intelectual denominado Fundamentos da Metafísica dos Costumes, (1789).

A partir do pensamento consubstanciado neste pequeno livro derivam o positivo sociológico (historicamente superado) e o Positivismo Jurídico em plena atividade. Do positivo jurídico, da denominada Lei Fundamental Hipotética, deriva por sua vez o constitucionalismo formal criado a partir de uma HIPÓTESE.

Nas ciências naturais ou exatas, a HIPÓTESE ou premissa hipotética é sempre provisória, tomada como referência teórica a ser comprovada ou refutada. Na Teoria Pura do Direito, a premissa hipotética é definitiva e foi sob esta base hipotética se construiu o sistema normativo fechado em si mesmo, auto referenciado, autossuficiente, dissociado a vida real e insusceptível de discussão. Isto significa dizer que a hipótese - ou premissa hipotética - transformou-se em dogma, concebida a partir de uma norma fundamental que alimenta a formação de normas sobre normas, em um sistema fechado, ordenado em camadas escalonadas, hierarquizadas, como descreve Kelsen, (2000, p. 247).

> A sua unidade é produto da conexão de dependência que resulta do fato de a validade de uma **norma**, que foi produzida de acordo com outra **norma**, se apoiar sobre essa outra **norma**, cuja produção, por sua vez, é determinada por outra, (***norma***); e assim por diante, até abicar finalmente na **norma** fundamental - pressuposta. A **norma** fundamental - **hipotética**, nestes termos - é, portanto, o fundamento de validade último que constitui a unidade desta interconexão criadora. Se começarmos levando em conta apenas a ordem jurídica estadual, a **Constituição** representa o escalão de **Direito positivo mais elevado**. A Constituição é aqui entendida num sentido material, quer dizer: com esta palavra significa-se a norma positiva ou as **normas** positivas através das quais é regulada a produção das normas jurídicas gerais.

Graças à hipótese-dogma propalada por Kelsen e seus seguidores, todos Estados-nação de língua portuguesa dispõe de Constituição e estas "Cartas

Magnas" reconhecem, no plano do direito interno, todos Estados-nação como Estados democráticos de direito, a partir da norma fundamental hipotética, fonte de todos as demais normas do sistema jurídico fechado em torno de si mesmo.

No direito internacional, segundo Kelsen, os Estados-nação são reconhecidos como "soberanos" pelo fato de adotarem uma **Carta Magna** que na verdade é a norma fundamental hipotética tomada como ordem jurídica suprema:

> Os Estados que, em confronto com as chamadas grandes potências, nem sequer têm qualquer poder real que mereça ser tomado em conta, **são tão soberanos** como estas grandes potências. A questão de saber se um Estado é **soberano** é a questão de saber se se pressupõe a ordem jurídica estadual como suprema.

A verdadeira e histórica carta magna é peça única, assinada por João Sem Terra, então Rei da Inglaterra em 1225. A Lei Fundamental é peça conceitual, concebida como premissa hipotética e reproduzida, à exaustão, (operação copia e cola) em diversos países, mantendo-se a mesma concepção de sistema jurídico fechado como sustentação de Governos ditos soberanos.

Apesar de todo mérito da concepção e da difusão da ideia original as democracias que daí se originam são democracias-placebo, que tal como o qualquer placebo tende a aliviar os males dos Estados que a praticam. Por isto a designação **Estados-nação-rótulo.** Mas, o que lhes falta para tornarem-se Estados-nação efetivos e fortes?

Falta-lhes a adoção de princípios - ***imperativo categórico*** - como uma lei moral universal a ser praticada por cada um com o objetivo de alcançar o bem-comum, "sem relação com qualquer outra finalidade" como escreveu Immanuel Kant, em Fundamentos da Metafísica dos Costumes, (1789):

> Ora, todos os imperativos ordenam ou hipotética - ou categoricamente. Os hipotéticos representam a necessidade prática de uma ação possível como meio de alcançar qualquer outra coisa que se quer (ou que é possível que se queira). O imperativo categórico seria aquele que nos representasse uma ação como objetivamente necessária por si mesma, sem relação com qualquer outra finalidade.
>
> Como toda a lei prática representa uma ação possível como boa e por isso como necessária para um sujeito praticamente determinável pela razão, // todos os imperativos são fórmulas da determinação da ação que é necessária segundo o princípio de uma vontade boa de qualquer maneira. No caso de a ação ser apenas boa como

meio para qualquer outra coisa, o imperativo é hipotético; **se a ação é representada como boa em si, por conseguinte como necessária numa vontade em si conforme à razão como princípio dessa vontade, então o imperativo é categórico.**

Esta carência de princípio, esta ausência de valor moral, este vazio de conduta ética - *que se busca encontrar no Governo e no Estado* - deveria estar incrustado na base do substrato social para, ai sim, reverberar e repercutir em toda superestrutura, em toda a sociedade civil, em todos os níveis e instâncias de poder, a partir da cidadania-princípio propensa a perseguir e alcançar o bem-comum à semelhança de uma âncora que busca e encontra o seu ponto de apoio no substrato social talhado a partir de valores morais e éticos.

Nessas circunstâncias, restaria ao Estado e ao Governo, no dia a dia, vigiar e coibir condutas nocivas - *em grau residual e proporcionalmente aceitável* - dos membros da sociedade que agem segundo o paradigma da cidadania-regra. Mas o Estado e o Governo, são inaptos para lidar com a desordem e o caos quando a desordem e o caos são PREPONDERANTES e vazam por todos os lados como uma endemia da sociedade civil, dos Estados e dos Governos.

Retomemos ao pensamento de Kant. Veja, caro leitor, como este grande filósofo, em um pequeno livro

"Fundamentação da Metafísica dos Costumes" publicado em alemão em 1785, traduzido para o português, por Paulo Quintela, **Editora:** Areal Editores (2005), Portugal, conceituou o imperativo hipotético:

> O imperativo hipotético ocorre quando a ação é boa somente como meio para se chegar a determinado fim.
>
> Os (imperativos) hipotéticos representam a necessidade prática de uma ação possível como meio de alcançar qualquer outra coisa que se quer (ou que é possível que se queira).
>
> No caso de a ação ser apenas boa como meio para qualquer outra coisa o imperativo é hipotético.
>
> O imperativo hipotético diz pois apenas que ação é boa em vista de qualquer intenção possível ou real.
>
> Todos estes fins relativos são por conseguinte apenas a base de imperativos hipotéticos.

Para exemplificar os imperativos hipotéticos em Estados-nação-rótulo, cito fatos da vida real que qualquer cidadão pode aferir em relação ao que denomino como característica da democracia-placebo em oposição ao que denomino democracia-sustentável.

Vejam-se alguns imperativos hipotéticos adotados como regras que indicam, em maior ou menor grau, o estágio de Estado-nação-rótulo, genericamente considerado a partir do seu olhar crítico:

Se em seu Estado-nação estabelece-se, por lei, que o financiamento de campanha eleitoral será financiado com recursos públicos com exigência de cota partidária visando isonomia de gênero na política, como hipótese para melhorar a representatividade feminina na política e, por questões de ordem prática, os políticos (homens) usam este benefício concedido hipoteticamente às mulheres, para lançar candidatas fictícias destinadas a desviar recursos públicos em benefício de partidos e políticos de carreira, seu Estado-nação rege-se, no caso concreto, por uma regra ou imperativo hipotético.

Se em seu Estado-nação estabelece-se, por lei, o ordenamento do solo urbano como hipótese válida, a ser respeitada por todos, para evitar edificações em área com risco de desabamento e também para garantir padrões construtivos projetados por técnicos habilitados e previamente aprovados pelo poder público, e, por questões de ordem prática, proliferam construções irregulares em área de risco sem atendimento à padrões tecnicamente aceitáveis, seu Estado-nação rege-se, no caso concreto, por uma regra ou imperativo hipotético.

Se em seu Estado-nação estabelece-se, por lei, parâmetros de proteção ao meio ambiente, como hipótese válida a ser respeitada por todos para garantir meio ambiente equilibrado e saudável às atuais e às gerações futuras, e, por questões de ordem prática, os rios transformam-se em esgotos a céu aberto aonde são lançados sofás velhos, pneus usados, carcaças de geladeiras e animais mortos, seu Estado-nação rege-se, no caso concreto, por uma regra ou imperativo hipotético.

Se em seu Estado-nação estabelece-se, por lei, que juízes e promotores podem receber auxílio-moradia, como uma hipótese válida para aqueles que assim necessitam e, por questões de ordem prática, juízes e promotores passam a receber indiscriminadamente este benefício concedido hipoteticamente como auxílio moradia, seu Estado-nação rege-se, no caso concreto, por uma regra ou imperativo hipotético.

Se em seu Estado-nação estabelece-se, por lei, controle de velocidade dos veículos que trafegam em ruas e estradas, como hipótese válida para melhorar a segurança e baixar os índices de acidentes automobilísticos e, por questões de ordem prática, os instrumentos de controle de velocidade passam a ser usados como forma de aumentar a arrecadação de recursos para financiar atividades ilícitas e corrupção, seu Estado-nação rege-se, no caso concreto, por uma regra ou imperativo hipotético.

Se em seu Estado-nação estabelece-se, por lei, a forma de concessão pública para a abertura de emissoras de rádio e de televisão, como hipótese válida para melhorar a divulgação de notícias relevantes à população, e por questões de ordem prática, o Governo concedente exige dos concessionários matérias jornalísticas elogiosas e notícias favoráveis ao Governo concedente além de favores para os agentes políticos, seu Estado-nação rege-se, no caso concreto, por uma regra ou imperativo hipotético.

Se em seu Estado-nação institui-se, por lei, (Carta Magna), o princípio da moralidade, segundo o qual os poderes do Estado-nação devem agir conforme preceitos éticos, já que eventual violação implicará em uma transgressão do próprio Direito, e, por questões de ordem prática, a Corte Suprema, ocupante do ápice do Sistema Jurídico Interno, agride o contribuinte pelo menosprezo demonstrado na compra vinhos envelhecidos em barril de carvalho francês ou americano virgens, com especificação de, pelo menos quatro premiações internacionais, para que ocorra a devida harmonização com a comida que venha a ser servida, dentre ela medalhões de lagosta a ser servido "com molho de manteiga queimada", seu Estado-nação rege-se, no caso concreto, por uma regra ou imperativo hipotético.

Se em seu Estado-nação institui-se, por lei, (Carta Magna), uma Corte de Contas a ser constituída por cidadãos com ilibada conduta e notório saber a serem indicados pelo Chefe do Poder Executivo e aprovados pelo Poder Legislativo, como uma hipótese válida para que a Corte de Contas atue tecnicamente e com independência, como órgão auxiliar do Congresso, na tomada de contas dos Agentes Políticos, e, por questões de ordem prática, a Corte de Contas é formada por políticos derrotados, (ex-deputados e ex-senadores) todos vinculados aos interesses políticos daqueles que serão fiscalizados pela referida Corte de Contas, seu Estado-nação rege-se, no caso concreto, por uma regra ou imperativo hipotético.

Se em seu Estado-nação estabelece-se, por lei, o monopólio do Estado para proferir julgamento mediante processo de conhecimento exercido por juízes vivenciados e experientes, diplomados em direito e escolhidos por concurso público, como hipótese válida para convencer os cidadãos jurisdicionados mediante processos judiciais equilibrados e justos e, por questões de ordem prática, os julgamentos passam a ser elaborados por estudantes de direito, sem experiência e sem vivência, a partir de modelos pré-elaborados, seu Estado-nação rege-se, no caso concreto, por uma regra ou imperativo hipotético.

Se em seu Estado-nação estabelece-se, por lei, (Carta Magna) o denominado "princípio da legalidade", segundo o qual, ninguém será obrigado a fazer ou deixar de fazer alguma coisa em virtude de lei, e por questões de ordem prática, o Estado cria lei e modifica leis de forma banal e, em regra, ninguém as obedece e as leis são reeditadas e banalizadas, seu Estado-nação rege-se, no caso concreto, por uma regra ou imperativo hipotético.

Se em seu Estado-nação estabelece-se, por lei, (Carta Magna) o denominado "princípio", segundo o qual, a administração pública direta e indireta de qualquer dos poderes obedecerá ao princípio da legalidade e, por questões de ordem prática a vida real prepondera sobre a constituição formal, constatando-se que a corrupção generalizada ameaça a estabilidade de Estados e dos Governos, seu Estado-nação rege-se, no caso concreto, por uma regra ou imperativo hipotético. Uma regra de mudança permanente das leis para atender circunstâncias transitórias e interesses momentâneos de grupos de pressão que se constituem em torno de Governos inclinados a ceder e a conceder poderes, (negociatas) para manter-se no Poder.

Se em seu Estado-nação institui-se, por lei, (Carta Magna), uma Corte Suprema formada por cidadãos experientes, indicados pelo Chefe do Poder Executivo e aprovados pelo Poder Legislativo, como uma hipótese válida para que esta Corte Suprema atue em questões de relevante interesse do Estado-nação, e, por questões de ordem prática a vida real prepondera sobre a constituição formal, e a denominada Corte Suprema é sobrecarregada com todo tipo de demanda envolvendo inclusive desavenças de vizinhos por latidos de cachorro, seu Estado-nação rege-se, no caso concreto, por uma regra ou imperativo hipotético. Uma regra segundo a qual a Corte Suprema passa a desgastar-se com múltiplas e irrelevantes demandas.

Estas são situações críticas, tomados como uma breve referência do que acontece na vida real. Deixo a você, caro leitor, a incumbência voluntária de aferir com franqueza e serenidade em que medida o seu Estado-nação, com a participação política do que denomino cidadania-regra, é de fato um Estado-nação-rótulo e o quanto a democracia praticada por seu povo pode ser classificada como democracia-placebo.

Invariavelmente, a cidadania-regra tem como característica buscar e encontrar culpados, e, quase sempre, o culpado de tudo é o Estado. Constrói-se casas e edifícios em leitos de rios e em área de risco. Vem a chuva forte, previsível e esperada, os rios transbordam as encostas desmoronam, pessoas morrem. A culpa é de quem? Do Estado e do Governo. A cidadania-regra, imediatista, destituída de autocrítica, fundamentada em questões pessoais, arrasta-se em busca de novas e mirabolantes soluções.

Tudo fica, aparentemente, justificado. Troca-se o mandatário de plantão, preferencialmente em eleições amplas e a cidadania-regra fica revigorada, na busca da ilusão de internalizar no Estado e no Governo, princípios morais e éticos, ausentes no substrato social submetido ao Estado e ao seu "governo soberano". O ciclo de ilusão renova-se: inicia-se um novo ciclo, um novo Estado, um novo Governo. Esta é a rotina constitucionalizada dos Estados-nação-rótulo, que podemos resumir em tudo-ou-nada, sabendo-se, de antemão, que a democracia deveria ser considerada como um processo coletivo e consciente de escolha de projeto de nação e de Governo capaz de dar efetividade ao projeto de nação, livremente debatido, escolhido e aceito por consenso com recomenda o denominado processo coletivo e responsável de escolha, tanto do projeto de nação, quando do Governo capaz de conduzi-lo com credibilidade e conhecimento de causa.

Senão como conceber que nações e comunidade inteiras permaneçam em patamar letárgico, sem identificar problemas e suas soluções correlatas, quando se dispõe de método seguro de debate surpreendentemente garantido por Constituições meramente formais em Estado-nação-rótulo com todo o sistema jurídico hierarquizado e em relativo funcionamento.

O surpreendente é constatar que esta precariedade mantém-se relativamente estável, mesmo diante de tanta esperteza política alimentada e retroalimentada por condutas amorais sob a retórica de uma forma de cidadania que designo como cidadania-regra, exatamente porque segue o exemplo quase sempre deplorável, que vem de cima e atua tal como o Estado-nação-rótulo tendo por base o imperativo hipotético tomado como regra como acabei de descrever.

Todos os experimentos científicos, no campo das ciências físicas ou naturais, partem de hipóteses a serem confirmadas ou refutadas. A Teoria Pura do Direito de Hans Kelsen, a exemplo das ciências físicas ou naturais, equivocadamente, estabeleceu uma hipótese, a denominada lei fundamental hipotética que foi por conveniência, meramente teórica, associada a Carta Magna.

Ora, nada mais ilusório, a Carta Magna é peça histórica e real, assinada, sob pressão, por João Sem Terra, Rei da Inglaterra, em 1215. A lei fundamental hipotética é mera suposição, hipótese que empresta fundamento ao Estados-nação, como se fosse uma Carta Magna, como se fosse um rótulo.

O imperativo hipotético é equivalente a regra. Dos imperativos hipotéticos nascem a cidadania-regra, a democracia-placebo e o Estado-nação-rótulo. Todos estão sob o mesmo prisma: o vício tóxico do imediatismo. A cidadania-regra busca resultados mágicos e momentâneos; a democracia-placebo gira em torno de disputas com características de tudo-ou-nada; os Estados-nação-rótulo adotam constituições como cópia, da cópia, da cópia da lei fundamental hipotética que os

Estados-nação-rótulo denominam com toda a pompa de "Carta Magna."

A existência de Estados-nação-rótulo demonstra que a hipótese é parcialmente falha. Um dos principais defensores desse rótulo foi o jurista Hans Kelsen, que o concebeu originalmente para ser aplicado na constituição austríaca de 1920. Esta constituição como norma escrita teve como objetivo instituir uma corte superior responsável pelo controle de constitucionalidade das leis, seguindo uma proposta frontalmente diferente do modelo norte-americano. Kelsen tinha em mente um controle de constitucionalidade mais voltado para a defesa dos aspectos formais e processuais estabelecidos na constituição, segundo o qual as cortes constitucionais agiriam como uma espécie de "legislador negativo", anulando as leis que, de alguma forma, afrontassem a Carta Política.

Cidadania-regra e Governo desconexo.

Viver é, sobretudo, conviver. Aquele que convive e percebe a si mesmo, em seus semelhantes, aprimora e dá sentido ao seu viver pela empatia e pela generosidade. A subjetividade, para o bem ou para o mal, é forjada, é moldada, é insculpida, portanto, na intersubjetividade como no espetáculo de equilíbrio e interação *Celui qui tombe*.

O homem é um ser gregário, sem a segurança da vida em grupo, o destino do homem é a exterminação. Como percebeu Aristóteles, (384 a 322 a.C), [...] o homem é um animal cívico [político], mais social do que as abelhas e os outros animais que vivem juntos. A natureza que nada faz em vão, concedeu apenas a ele o dom da palavra ... (Política, p. 3).

Ultrapassado o quadro precário de insegurança - *instalado convenientemente no seio de um grupo que o proteja* - o maior anseio individual do ser humano é a liberdade. Mas a liberdade individual extrema cobra seu preço, como bem observa Bauman: "A arte de reinventar os problemas pessoais sob a forma de questões de ordem pública tende a se definir de modo que torna excessivamente difícil 'agrupá-los' e condensá-los numa força política." (BAUMAN, 1999, p. 11).

De fato, assim também percebo. Essa atomização de demandas formuladas por pessoas, famílias, coletividades é algo insano e ultrapassa os limites da razoabilidade.

Com o substrato cultural permeado por juízos superficiais, os cidadãos tornam-se a cada dia mais infantilizados e dependentes do Estado. Este é, no entanto, o enredo preferencial da cidadania-regra: a torpeza, a desonestidade, a ausência de princípios éticos e morais. A busca insaciável de liberdade, é transferido do individual, à família, ao coletivo, até chegar ao Estado exercido, quase sempre, por Governos ridículos e caricatos, afeitos a discursos personalistas e de culto permanente à pseudos heróis.

Cabe ao Estado, em última instância, compreender e corrigir todos os desvios de conduta individuais e coletivos que lhe são transferidos por uma cadeia interminável de reivindicações subjetivas e coletivas, concentradas ou difusas. Cabe ao Estado, assegurar liberdade, liberdade a todo custo, mas também prover justiça e, claro, justiça com isonomia, (todos exigem tratamento isonômico perante o Estado) e mais ainda, exige-se e cobra-se de o Estado assegurar fraternidade. Eis o ideário da revolução francesa, (1789-1799): liberdade, igualdade, fraternidade.

A terapia (coletiva) se completa. A cidadania-regra ávida pela satisfação de interesses imediatos, tende a perpetuar coletividades imbecilizadas que exigem direitos infinitos de Governos desconexos, atônitos e impotentes, sem projeto político consistente, sem direção confiável, sem rumo. E o pior de tudo é que a turbina da mudança de paradigma está ligada a toda velocidade.

Afinal, quem ou o que alimenta e assegura os suprimentos morais do Estado para fazer frente a todas as demandas que lhe são formuladas pela cidadania-regra? Como os Governos desconexos que representam a cidadania-regra e exercem o "controle formal" do Estado recebem as "ordens" da cidadania-regra, se as "ordens" reproduzem e internalizam, em si mesmas, um quadro de completo caos e permanente desordem. Enquanto, organizadamente, mediante lobbies, grupos de interesse, capital especulativo internacional e grandes empresas, ditam, manipulam e comandam os rumos do Estado e do Governo.

Se a necessidade humana é ilimitada, (como dizem os economistas), as reivindicações políticas da cidadania-regra são infinitas, pois, uma vez atendidas, geram o vício do clientelismo e da insaciedade. O ciclo do clientelismo eleitoral alimenta políticos desqualificados, igualmente focados em objetivos imediatos, nessa sequência, a cidadania-regra e os políticos clientelistas se completam e tendem a desmoronar os Estados e os Governos. Os políticos que cultivam clientela estão expostos ao estelionato eleitoral e, eu acrescento - *felizmente* - porque este é um vício social que precisa ser extirpado em benefício da democracia.

A cidadania-regra exige direitos - *direitos para todos, aqui e agora!* Pretender extrair do Estado e dos Governantes - *ainda quando democraticamente eleitos* - princípios morais e condutas éticas quando dele, (Estado) exige-se, a todo o tempo, exatamente o inverso, é erro coletivo DUPLO, porque, a qualidade do Estado é precedida pela qualidade da cidadania. Em substratos sociais com cidadania débil, brotam Estado-fracos. O exercício tortuoso da cidadania-regra propensa a desvios morais e à corrupção, corresponde a Estados corruptos, como algo inevitável.

Da mesma forma a cidadania hígida e qualificada, qualifica o Estado: esta é a ordem lógica e racional, tudo que se diga a mais é e será, sempre, enganação.

Atribuir ao Estado, (como ente fictício que é) o papel de elaborar leis e garantir os interesses da sociedade civil é atribuir a origem poder a quem é dependente do poder que lhe deveria ser transferido pela cidadania, porque, toda a estrutura do Estado - *sem a efetiva e constante vigilância do seu respectivo substrato social e político que defino como cidadania-princípio* - será mera formalidade, ficção jurídico-normativa, propensa e pronta a ser apropriada e aprisionada por interesses econômicos sorrateiros e preponderantes, mesmo quando formal e legalmente produzidos nos moldes estabelecidos, defendidos e acompanhados pelo positivismo jurídico que serve a qualquer propósito e a qualquer regime democrático ou ditatorial.

A norma (a lei fundamental ou qualquer outro nome lhe seja atribuído) é impotente frente a realidade. Como assevera **Lassalle**, (1862) apenas fatos mudam fatos. A constituição seria um documento impotente diante da realidade: ou a retrata como ela é, ou se torna mera "folha de papel".

E assim é! O Governo desconexo, representativo de parcelas, como consequência de escolha exercida pela cidadania-regra e a cidadania-regra, por sua vez, fruto direto de subjetividade embevecida pelo culto à personalidade, uma sociedade narcisista e sem percepção do outro. Esse lamentável quadro de degradação da subjetividade é retratado por LIPOVESTSKY (1983, p.11) ao meu ver, de forma lapidar:

> Esse tempo desfaz-se diante dos nossos olhos; é em parte contra tais princípios futuristas que as nossas sociedades se estabelecem, nessa medida pós-moderna ávidas de identidade, de diferença, de conservação, de descontração, de realização pessoal imediata; a confiança e a fé no futuro dissolvem-se, nos amanhãs radiosos da revolução e do progresso, já ninguém acredita.

Doravante o que se quer é viver já, aqui e agora, ser-se jovem em vez de forjar o homem novo. Sociedade pós-moderna significa, neste sentido, retração do tempo social e individual precisamente quando se impõe cada vez mais a necessidade de prever e organizar o tempo coletivo, exaustão do impulso modernista dirigido para o futuro, desencanto e monotonia do que é novo, esgotamento de uma sociedade que conseguiu neutralizar na apatia aquilo que a fundamenta: a mudança. Os grandes eixos modernos, a revolução, as disciplinas, o laicismo, a vanguarda, foram desafetados à força de personalização hedonista o otimismo tecnológico e científico desmoronou-se, enquanto as inúmeras descobertas eram acompanhadas pelo envelhecimento dos blocos, pela degradação do meio ambiente, pelo apagamento progressivo dos indivíduos. Já nenhuma ideologia política é capaz de inflamar as multidões [...]; doravante o vazio que nos governa, um vazio sem trágico, nem apocalipse.

E continua LIPOVESTSKY *in* A Era do Vazio:

... o reconhecimento, o sentimento de incomunicabilidade, o conflito deu lugar à apatia e a própria intersubjetividade se encontra desinvestida. Após a deserção social dos valores e instituições, é a relação com o outro que,

> seguindo a mesma lógica, sucumbe ao processo [...]. Deste modo, a autoconsciência substituiu a consciência de classe, a consciência narcísica à consciência política.

Após a contribuição de Guies Lipovetsky, convido o leitor a um breve desfecho. Como se pode esperar que o Estado - sob o comando de Governos narcisistas, sob o impacto imediato de sinais confusos recebidos da cidadania-regra pautada na imediatidade e tendo como substrato subjetividades tão extravagantes - poderia dar resposta aos graves problemas das sociedades atuais? Como os Governos desconexos aprenderão a lidar com demandas que sequer percebem? Como os Governos podem apresentar soluções duradouras e permanentes para problemas complexos se as demandas emergenciais lhes sufocam?

Com o sério risco de parecer ingênuo, proponho o retorno a Kant. Toda esta confusão, a meu ver, tem origem na democracia-placebo. Mas, ao contrário do que possa parecer, entendo que a democracia-placebo ainda é um patamar aproveitável. Afinal o que seria dos Estados-nação-rótulo, sem a democracia-placebo? Certamente já teriam implodido! O placebo é o melhor que lhes resta.

Veja, caro leitor, os Estados-nação de língua portuguesa sempre foram inaudíveis, sem voz e sem voto, perante o concerto internacional das nações.

Portugal, berço da civilização de língua portuguesa, sempre foi discreta e apática perante as potências europeias. Brasil, com todo o seu gigantismo territorial, com raros lampejos de lucidez no cenário político internacional, sofre a mesma apatia em relação à sua presença na América Latina. O Brasil vive, literalmente, de costas para os países vizinhos. Os países de língua portuguesa na África, se tornaram independentes, recentemente, e, portanto, são democracias jovens, com expectativa de consolidação. Mas, apesar dos precedentes históricos, agora, a pós-modernidade lhes impõe novos e crescentes desafios: **sair do atoleiro da pós-modernidade, sem democracias fortes e consolidadas**!

Guardadas as suas respectivas particularidades, o que mais chama a atenção é o fato das limitações dos países de língua portuguesa em superar desafios relativamente corriqueiros. Suponho que isto decorra do fato de o Governo sofrer uma desconexão com parte significativa do eleitorado. Neste sentido é ilustrativo lembrar que o maior país de língua portuguesa, o Brasil, está atravessando a segunda década perdida, nos anos recentes, logo após o período de redemocratização que encerrou um período de mais de vinte anos de ditadura militar, em 1986.

Observe-se que, sem qualquer fato econômico impeditivo, o Brasil vem patinando e pode perder o denominado bônus demográfico, com sérios riscos de deixar de ser o "país do futuro" e entrar em período de natural decréscimo econômico como consequência do envelhecimento da sua população e aí, adeus país do futuro! Será um país velho, sem chances de soerguimento, econômico, urbanístico, social, político.

Atribuo este fato, ao desdobramento daquilo que designo como Governo desconexo. Mas quais as origens da desconexão? Porque Governo desconexo?

Sucessivos Governos, elegem-se - e este é um risco que ronda todas as democracias na era da pós-modernidade - a partir do acirramento de disputas entre grupos internos. Um claro contra senso, porque o que deveria pautar qualquer processo eleitoral, em regime democrático, é exatamente o inverso disto: busca de consenso, identificação de desafios de médio e longo prazos e projeto de nação, correlato com os interesses majoritários.

O que sugere o regime democrático é a busca de consenso, mediante discussão madura, equilibrada, pautada em argumentação leal, seguindo-se princípios e, a partir daí: identificar problemas, definir prioridades de curto, médio e longo prazos para dotar o Estado de um projeto consistente a ser administrado por um Governo eleito para executar a vontade da maioria.

Neste mesmo sentido, revisito Habermas, (Direito e Democracia, p. 191/2):

> ... quanto esta vontade normalmente livre é, de certa forma, virtual, pois afirma apenas aquilo que pode ser aceito racionalmente por qualquer um, a vontade de política de uma comunidade jurídica, que também deve estar em harmonia com ideias morais, é a expressão de uma forma de vida compartilhada intersubjetivamente, de situações de interesse desses dados e de fins programaticamente escolhidos. A natureza dos questionamentos políticos faz com que a regulamentação de modos de comportamento se abra, no *médium* do direito, a finalidades coletivas. Com isso se amplia o leque dos argumentos relevantes para a formação política da vontade - aos argumentos morais vem acrescentar-se razões pragmáticas e éticas. Isso faz com que o peso se desloque: passa-se da formação da opinião para a para a da vontade.

(Idem, p. 332):

> ... o processo democrático desempenha a tarefa de programar o Estado no interesse da sociedade, sendo que o Estado é apresentado como aparelho da administração pública, e a sociedade como sistema do seu trabalho social e do intercâmbio das pessoas privadas, estruturando conforme a economia de mercado. E, nisto tudo, a política (no sentido da formação política da vontade dos cidadãos) tem a função

de enfaixar e impor os interesses sociais privados contra um aparelho de Estado que se especializa no uso administrativo do poder político para fins coletivos.

Ora, nada do que pressupõe o processo democrático acontece, (só por intitular-se democrático) quando o que efetivamente se faz é escolher alguém para governar sem, ao menos, delegar-lhe o projeto de Estado consensualmente aprovado. Afinal é essencial que o conjunto de eleitores (a cidadania) primeiro defina o projeto de Estado e delegue poder a quem (exercício de Governo) deve executá-lo, colocá-lo em prática. Delegar poderes ao Governo de um Estado, a partir de *slogans* ou propaganda política é entregar o poder de discernimento conferido à cidadania a uma aventura inconsequente, algo do ponto de vista racional, INCONCEBÍVEL. Uma aventura coletiva irresponsável e suicida.

O que procuro, portanto, evidenciar é que um Governo duplamente desconexo - *sem projeto de Estado e sem delegação adequada para executá-lo* - jamais conduzirá aos fins supostamente pretendidos pela sociedade, até porque suposição cada um tem a sua e um Governo eleito sem projeto supõe, naturalmente, que pode tudo. E, esta é a receita para os repetidos desacertos vivenciados pelos Estados-nação-rótulo, moldados por cidadania-regra, em busca de satisfação de interesses mesquinhos e de grupos que acirram as disputas nos processos eleitorais e depois, quando derrotados, transformam-se em torcida para a derrubada do eleito. Um permanente e suicida jogo de imbecilidades! Alimentado por slogans idiotas.

O narcisismo de indivíduos e grupos tende a travar as possibilidades de construção de pontes para o entendimento e obtenção de consensos ainda que mínimos. Tudo passa a ter conotação de oposição e antagonismo. Pessoas e grupos em permanente guerra. Guerra no trânsito. Guerra no campo entre latifundiários e sem-terras. Guerra pela ocupação de espaços urbanos. Guerra éticas, sob delicada cortina de hipocrisia que prega igualdade racial e glorifica a miscigenação. Imbecilidade preponderante e racionalidade em franco declínio.

Neste contexto de vigoroso declínio da racionalidade, o receio de TOCQUEVILLE, (1998, v II, p. 389) parece ficar a cada dia mais evidente, diante de tanto narcisismo:

> Quero imaginar sobre que novos traços o despotismo poderia produzir-se no mundo: vejo uma multidão incalculável de homens semelhantes e iguais que giram se repouso em torno de si mesmos para conseguir pequenos e vulgares prazeres com que enchem sua alma. Cada um cada um deles, retirado a parte, é como que alheio ao destino de todos os outros; seus filhos e seus amigos particulares formam para ele

toda a espécie humana; quanto ao resto de seus concidadãos, está ao lado deles, mas não os vê; toca-os mas não os sente - cada um só existe em si mesmo e para si mesmo e, ainda que lhe reste uma família, podemos dizer pelo menos que pátria ele não tem.

O momento é severo e grave!

O processo democrático precisa e deve ser melhor qualificado. A cidadania pode atrair para si e assumir princípios morais. A cidadania qualificada que designado como cidadania-princípio em oposição a cidadania-regra precisa ser reorganizada enquanto há tempo.

A cidadania-regra, caracterizada pela busca de resultados imediatos, sem percepção do outro precisa ser revista. O isolamento narcisista e destrutivo, no limite, conduzirá a humanidade à sua implosão. O mundo, como um imenso parque de diversão para exibicionismo, narcisismo e holofotes está prestes a ser interditado por indisciplina dos seus frequentadores: a sociedade civil e o meio ambiente estão em exaustão! A miséria e a opulência, em graus extremos, alcançaram o patamar de estupidez!

A cidadania-regra, individualista, narcisista e imediatista, é destrutiva e tóxica porque atua como um parasita que suga e mata o seu hospedeiro: o Estado-nação-rótulo. Para agravar a situação do "paciente" (Estado-nação), a democracia-placebo está mascarando, seriamente o diagnóstico e antecipando o prognóstico: morte!

Neste ponto estou em companhia de Konrad Hesse, (1991, p. 11):

> ... afigura-se justificada a negação do Direito Constitucional, e a consequente negação do próprio valor da Teoria Geral do Estado enquanto ciência, se a constituição jurídica expressa, efetivamente, uma momentânea constelação de poder. Ao contrário, essa doutrina afigura-se desprovida de fundamento se se puder admitir que a Constituição contém, ainda que de forma limitada, uma força própria, motivadora e ordenadora da vida do Estado. A questão que se apresenta diz respeito à força normativa da Constituição.

Para responder a Hesse, no patamar de práticas sorrateiras, sem atenção a princípios morais, que configuro como cidadania-regra, a força normativa da Constituição, está tornando-se residencial ...

Para Hesse, frequentes reformas constitucionais - *como acontece nos Estados-nação-rótulo* - para atender a interesses momentâneos de quem está no poder, acarreta a desvalorização da força normativa da Constituição e isto compromete a estabilidade que constitui condição fundamental de eficácia da Constituição. Por seu turno os Governos com disposição para a frequentes revisões da Constituição, evidenciam maior valorização das exigências de índole fática do que a ordem normativa vigente. neste sentido, HESSE, (1991, p. 24):

> Nenhum poder do mundo, nem mesmo a Constituição, pode alterar as condicionantes naturais. Tudo depende, portanto, que se conforme a Constituição a esses limites. Se os pressupostos da força normativa encontrarem correspondência na Constituição, se as forças em condições de violá-la ou de alterá-la mostrarem-se dispostas a render-lhe homenagem, se, também em tempos difíceis, a Constituição lograr preservar a sua força normativa, então ela configura verdadeira força viva capaz de proteger a vida do Estado contra as desmedidas investidas do arbítrio.

A Constituição de um país deve, hipoteticamente, como defendeu Hans Kelsen, servir de alicerce para toda a ordem jurídica vigente formatado como um sistema fechado em torno de si mesmo. Se assim se mantiver estável ao longo do tempo, pode ser considerada uma fonte criadora do Estado de Direito. Entendida desta maneira, a Constituição deixa de ser mera folha de papel, para se transformar também em um fator real de poder.

Ao contrário disto, em Estados-nação-rótulo, as forças de plantão - *se ou quando propensas ao autoritarismo* - podem simplesmente tornar as denominadas "Cartas Magnas" em expressão momentânea de justificação do poder e desta maneira atuarem sobre o manto da Constituição-rasgada como bem entenderem.

A Democracia-placebo, também nestes casos, será um elemento adequado à operação plástica jurídico-formal aparentemente indolor, mas com elevadíssimos custos e traumas à democracia, distribuídos, em curto, médio e longo prazos. O resultado dessa operação plástica, inevitavelmente, reduz a força da economia e inibe investimentos internos e externos. Nenhum argumento retórico será capaz de retirar o Estado-nação-rótulo - *uma vez assim aprisionado* - da apatia endêmica que resultará em desconfiança demonstrada pelo crescimento do fluxo migratório e busca de outros destinos que representem perspectivas de futuro.

Mídia convencional: paradigma superado?...

Inicio esta seção com uma matéria publicada na plataforma, ou mídia social, Twitter pela *The Intercept Brasil*, com o singelo texto, abaixo transcrito:

> Por anos, a Lava Jato foi acusada de operar com motivações políticas. A força-tarefa nega isso de forma veemente. Agora que suas conversas estão se tornando públicas, a população terá a oportunidade de decidir por si mesma.

Esta informação, tornou-se, IMEDIATAMENTE, pauta em todos os jornais e noticiários de televisão do mundo, até porque, como forma de garantir a repercussão generalizada e irreversível a publicação foi realizada em inglês e em português no site https://theintercept.com de acesso mundial. Este método é infalível, cada vez mais usual e fácil de ser implementado.

> O material publicado hoje no Brasil também foi resumido em duas reportagens em inglês publicadas no Intercept, bem como essa nota dos editores do The Intercept e do The Intercept Brasil. [...]

A importância dessas revelações se explica pelas consequências incomparáveis das ações da Lava Jato em todos esses anos de investigação. Esse escândalo generalizado envolve diversos oligarcas, lideranças políticas, os últimos presidentes e até mesmo líderes internacionais acusados de corrupção.

O que pretendo evidenciar, como esta informação é que a denominada imprensa, mídia tradicional, grande mídia ou, ainda, mídia convencional, com o significado de conglomerados de rádio, jornal e televisão, tem uma longa história de omissão e de conivência deliberada e regiamente paga que a torna indissociável de Estados e Governos CORRUPTOS.

Com o intuito de referenciar uma breve reflexão, creio que basta assistir um vídeo disponível no Youtube, (mídia social) acessível por todos, em qualquer lugar a qualquer tempo sobre depoimento do empresário Emílio Odebrecht.

A indignação do empresário com a "imprensa" é enfática, sem meias-palavras. Transcrevo alguns trechos, do depoimento prestado ao Ministério Público do Brasil, em abril de 2017, referindo-se a CORRUPÇÃO que acontecem há mais de 30 anos:

O que me surpreende é quando eu vejo todos esses poderes, **a imprensa**, tudo, realmente como se isso fosse uma surpresa! Olha me incomoda isso… entendeu?...

… nós praticamente passamos a olhar isso como normalidade, porque (são) 30 anos, é difícil…

… todos os companheiros desta organização já passaram pelo exterior, para eles terem uma visão de mundo, convivência com concorrência, efetiva, real, … real, quer dizer, disputar baseado em produtividade…

… agora, volto, o que me entristece, … inclusive aí eu digo a própria imprensa, a própria imprensa! A imprensa toda sabia … que efetivamente o que acontecia era isto. Porque agora estão fazendo tudo? Porque não fizeram isto a 10, 15, 20 anos atrás? Porque, tudo isto, (corrupção) é feito há 30 anos…

[…] olha, isso teve uma influência para mim muito grande, ver vocês procuradores jovens […] agora os mais velhos, chefe… os da minha geração, me perdoem, eu não aceito essa omissão… de nenhuma área… e da própria imprensa. **Essa imprensa sabia disso tudo** e fica agora com essa **demagogia**?! Me perdoe!

[...] e é por isto que eu considero as mudanças estruturantes fundamentais, nesse país, para que que todos, também, possam dar a sua contribuição, pela OMISSÃO que tiveram durante tanto tempo...

O que considero importante pontuar, ao leitor, diante do fato acima e dos significativos detalhes da corrupção noticiada por um empresário com atuação mundial, relaciona-se, especialmente aos procedimentos: (1) o depoimento prestado a um órgão público, foi gravado em vídeo e logo depois, propositalmente, "vazado"; (2) com o "vazamento", o fato ganhou espaço nas mídias sociais, (neste caso, Youtube); (3) com a publicação no Youtube, a divulgação se espalha, instantaneamente, nas redes sociais, (WhatsApp, face book, etc.); (4) a grande mídia, a mídia convencional, acorda do seu sono letárgico e conveniente, e passa, obrigatoriamente, a repercutir a notícia; (5) para salvar a "aparência" de imparcialidade e de seriedade, a mídia convencional, passa a atuar com "comentaristas"; (6) os comentaristas assumem a honrosa atribuição de salvar a imagem dos seus empregadores, ou seja, os veículos de rádio, jornal impresso e canais de televisão, formadores da mídia convencional.

Neste aspecto, os comentaristas, invariavelmente, com uma impostação de voz que lhes parece conferir "autoridade" menosprezam e criticam as "redes sociais" pela precipitação e superficialidade, exatamente por deixarem de cumprir um rito - *tido e havido como "sagrado" pela mídia convencional* - refiro-me: ao "prévio direito de resposta" que todo órgão de imprensa "sério" deve adotar. Puro cinismo e enganação! Como bem relatado pelo denunciante: "*O que me surpreende é quando eu vejo todos esses poderes,* ***a imprensa****, tudo, realmente como se isso fosse uma surpresa! Olha me incomoda isso... entendeu?*"

Observe, caro leitor, que a sequência de procedimentos, acima enumerados, assemelha-se à situação cômoda de um velho cão de guarda - *gordo, preguiçoso e sonolento,* (mídia convencional) - que precisa ser despertada **para agir**. No caso, a grande imprensa - *gorda, preguiçosa e sonolenta* - alimenta-se e é alimentada, (corrupção ativa e passiva) por Estados e por Governos, há muitos e muitos anos. Exatamente, por este fato notório deixa de agir, por conluio, por comodismo regiamente pago, por necessidade de ser alimentada pela corrupção! No caso relatado, o denunciado fala expressamente: "***Essa imprensa sabia disso tudo*** *e fica agora com essa* ***demagogia****?! Me perdoe!*"

Quando Max Weber, em janeiro de 1919, proferiu uma conferência na Universidade de Munique, publicada em outubro de 1919, sob o título, *Política como vocação,* também teceu severas críticas à imprensa:

> O jornalista pertence a uma espécie de casta de párias, que é sempre estimada pela `sociedade' em termos de seu representante eticamente mais baixo. Daí as estranhas noções sobre o jornalista e seu trabalho. Nem todos compreendem que a realização jornalística exige pelo menos tanto

`gênio' quanto a realização erudita, especialmente devido à necessidade de produzir imediatamente, e de `encomenda', devido à necessidade de ser eficiente, na verdade, em condições de produção totalmente diferentes.

[...]

Hoje, porém, temos de dizer que o Estado é uma comunidade humana que pretende, com êxito, o monopólio do uso da força física dentro de um determinado território. Note-se que "território" é uma das características do Estado. Especialmente, no momento presente, o direito de usar a força física é atribuído a outras instituições ou pessoas apenas na medida em que o Estado o permite. O Estado é considerado como a única fonte do "direito" de usar a violência, Daí "política", para nós, significar a participação no poder ou a luta para influir na distribuição de poder, seja entre Estados ou entre grupos dentro de um Estado.

Isto corresponde essencialmente ao uso comum. Quando se afirma que uma questão é "política", quando um ministro do Gabinete ou uma autoridade é considerado como "político", ou quando uma decisão é tida como "politicamente" determinada, o que se está querendo dizer, sempre, é que os interesses na distribuição, manutenção ou transferência do poder são decisivos para a resposta às questões e para se determinar a decisão ou a esfera de atividade da autoridade. Quem participa ativamente da política luta pelo poder, quer como um meio de servir a outros objetivos ideais ou egoístas, quer como o "poder pelo poder", ou seja, a fim de desfrutar a sensação de prestígio atribuída pelo poder.

Estou de acordo com WEBER, a imprensa atua secularmente em parceria com o Estado na luta pelo poder, como meio de servir e ser servida, uma clara, notória e deslavada via de mão-dupla, que promove enriquecimento em troca de silêncio e esquecimento. Muitas e muitas notícias foram e são silenciadas e esquecidas em troca de favores e tráfico de influência, com um significado histórico que pode ser traduzido sem meias-palavras em conivência deliberada, tolerância, apoio e proveito com a prática da CORRUPÇÃO.

Como isto acontece?

No mundo moderno a informação - *a notícia* - é, também, mercadoria que passa por estágios de produção, controle de qualidade, validação e comercialização, associada à marca e a credibilidade do meio de comunicação vinculado à mídia convencional.

Neste processo seletivo - *entre a "escolha" de insumos (alvos a serem achincalhados, empresários e políticos) e produção da notícia* - o equilíbrio entre o "acerto" e o "desacerto" é ténue: a informação, (insumo) precisa ser crível, para ser vendável, e precisa ser autêntica, por isso, a informação passa, quase sempre por uma instância denominada ironicamente de "direito de resposta." Digo ironicamente porque, em muitos casos, o "direito de resposta" pode envolver objeção real e desmentidos, mas pode também envolver - *e rotineiramente envolve* - outras formas práticas de convencimento, dentre elas, extorsão, corrupção, tráfico de influência, propaganda institucional, (legal), silêncio, (omissão), enfim um pacote de maldades com múltiplos enredos e uma mesma denominação: corrupção.

Esse "convencimento", esse pretenso diálogo "institucional", a pretexto de "prévio direito de resposta", quase sempre passa por filtros internos de poder (editores, diretores, donos do negócio) que estão acima do repórter ou do jornalista. Os procedimentos corriqueiros ensejam, a partir do exercício de um interesse legítimo, outras saídas, nem sempre morais ou legais. O certo é que, de forma harmônica e corriqueira, entre tensões e distensões momentâneas e pontuais, a conivência com a corrupção partilhada entre mídia convencional, Estado e Governo, **é secular**!

Para se ter um ponto de reflexão externo, sobre a convivência entre a imprensa e a corrupção, lanço três indagações: Por que os bancos, com seus lucros estratosféricos, raramente tornam-se alvo de notícias? Por quê a notícia é necessariamente algo negativo que, se divulgado tem o potencial de causar dano ou prejuízo ao noticiado? Por que as realizações exitosas e os exemplos positivos, raramente, são noticiados?

Mas, então o que mudou nos tempos das mídias e das redes sociais? Mudou, sobretudo, o controle e a produção da informação (insumo e alvos a serem achincalhados) até chegar ao estágio da mercadoria: notícia. Com o surgimento das redes sociais a notícia perdeu valor como mercadoria e como instrumento de pressão e de opressão, como rotineira e historicamente foi usada pela mídia convencional.

O ingrediente novo que quebra essa harmônica convivência e silêncio secular, é, certamente, a entrada em cena das mídias sociais, (plataformas de divulgação, a exemplo do Youtube) e redes sociais (plataformas de compartilhamento da informação, a exemplo de WhatsApp, Facebook, Twitter, etc.).

Voltemos, a enumeração dos procedimentos acima para acentuar e complementar algumas possibilidades extraídas da observação daquilo que acontece na vida real. (1) o depoimento prestado a um órgão público, foi gravado e "**vazado**". Há poucos anos atrás os depoimentos eram "reduzidos a termo", isto é, escritos e assinados e depois juntados ao processo. O fato de serem escritos ensejam protestos e correções; (2) com o "vazamento", o fato ganha espaço nas mídias sociais, (neste caso, Youtube). O vazamento de algo gravado, ganha fluidez e velocidade imediata, sem qualquer margem de "mediação"; (3) com a publicação na mídia social, a divulgação se espalha, instantaneamente, nas redes sociais, (WhatsApp, face book, etc.). Este é outro elemento novo. As redes sociais, tornam o fato noticiado, IRREVERSÍVEL; (4) a grande mídia, a mídia convencional, acorda do seu sono letárgico e conveniente, e passa, obrigatoriamente, a repercutir. E a repercussão na mídia convencional ganha ares de verdadeira concorrência dentro do espaço da "mídia convencional". A notícia - *já amplamente conhecida nas redes sociais* - ganha *status* de "oficialidade", ao mesmo tempo em perde valor como mercadoria e é esvaziado o seu potencial como elemento de barganha.

Portanto, mídias e redes sociais constituem-se na principal diferença e quebram as possibilidades de *entendimentos* e *ajustes.* A entrada em cena das mídias e redes sociais, tende a reduzir a margem de manobra até então existente entre Estados, Governos e mídia convencional, mais ou menos, assim: (5) para salvar a *aparência* de imparcialidade e de seriedade, a grande mídia, coloca em cena os *comentaristas.* Os comentaristas tentam, em vão e a todo o custo, demonstrar o "ineditismo da notícia" ao tempo em que desacreditam as mídias e redes sociais; (6) os comentaristas, sem outra saída, tentam salvar a imagem dos seus empregadores. Passam a ser jornalistas mais "independentes", mais honestos, mais conscientes do papel que desempenham para, agora sim, conferir "respeitabilidade" e moderação diante do fato noticiado, isto sempre a condicionado à "linha editorial" da mídia convencional a que pertencem.

Como breve conclusão desta seção apresento, ao leitor, a seguinte proposta formulada a partir de um princípio: o princípio da ponderação. De fato, o espaço ocupado pelas mídias e redes sociais é imprescindível para acordar a mídia convencional e obstar que editores, diretores e donos dos conglomerados, inibam o trabalho de profissionais de comunicação que tendem a exercer o ofício com maior independência, equilíbrio, autocensura e seriedade, sob a vigilância das mídias e redes sociais, sob pena de serem ostensivamente ridicularizados.

Em suma, as mídias e as redes sociais quebram o ineditismo da notícia, e, com isto, desvalorizam a forma convencional de produção dessa mercadoria. A mídia convencional passa a atuar na outra ponta com comentaristas, com capacidade de diálogo e uso da ação comunicativa.

Creio, portanto, que a convivência atual - *sempre passível de aprimoramentos* - entre as mídias convencionais e as mídias e redes sociais, significa um avanço irreversível com notáveis ganhos para a consolidação da cidadania-princípio e para a higidez dos Estados e dos Governos.

Desejável que assim seja, sob a autêntica, necessária e legítima vigilância da cidadania.

O princípio da ponderação, neste caso, serve a dois propósitos: resgatar o papel dos profissionais do jornalismo, na nobre e relevante condição de comentaristas, e, ao mesmo tempo, mediar a natural confusão e o caos instaurado pela força destrutiva das notícias veiculadas pelas mídias e redes sociais. Do ponto de vista do fortalecimento da democracia, o surgimento das redes sociais serve como freio de contenção à mídia convencional acostumada a "descobrir" e divulgar ou ocultar fatos relevantes pautada, nos seus interesses de poder e de manipulação de Estados e Governos propensos à corrupção.

Creio que o passo seguinte, irá demonstrar a relevância das redes sociais como instrumentos de libertação de profissionais das mídias convencionais com ganhos recíprocos em benefício da refundação dos Estados-nação e de melhoria de eficiência dos Governos, na medida em que a junção e harmonização de ambas, (mídias sociais e mídias convencionais) propiciem a redução da corrupção e do tráfico de influência envolvendo algo tão essencial para qualquer sociedade: o acesso democrático à informação qualificada e sem vício de origem: a notícia deixará, gradativamente, a mera condições de mercadoria.

Outro ponto passível de aprimoramento diz respeito ao uso das redes sociais como instrumento de manipulação de massa, por políticos lacaios e analfabéticos políticos, desprovidos de princípios que usam de forma ostensiva as redes sociais para captar apoios momentâneos com efeitos muitas vezes desastrosos, porque o que se constrói de forma leviana e rápida, tende a ser destruído com a mesma velocidade: ascensão e queda vertiginosa tem sido o resultado mais frequente.

O conflito entre mídias convencionais e redes sociais é, portanto, desejável e propício para: (1) manter as mídias convencionais em posição aceitável de defesa da democracia e da cidadania, desnudada da retórica secular e vazia da pseudo defesa do interesse público, quando se sabe que o interesse da mídia convencional é o oposto do que prega e defende em proveito próprio, vinculado com as raízes da corrupção e (2) minimizar os estragos que as redes sociais de forma amadorística e precipitada, produz ao ver e ao denunciar a tudo e a todos, como um jovem inteligente, inconsequente e rebelde.

As mídias convencionais e redes sociais são, portanto, como dois cães de guarda um gordo, pesado, lento e preguiçoso que dorme e precisa ser despertado pelo outro cão de guarda, pequeno, leve, hiperativo, barulhento e desconfiado. A coexistência - *tensa e permanente* - entre as mídias convencionais e as redes sociais tende a aprimorá-las, **reciprocamente**, com amplos benefícios a cidadania, à democracia e a refundação do Estado-Nação.

Capítulo 3 – Democracia e sustentabilidade.

Como substrato fático, apresento alguns dados referentes às democracias de língua portuguesa, abrangendo nove países, com população total de 260 milhões de habitantes distribuídas em três continentes: Europa, América do Sul e África. Nestes Estados Democráticos, centenas de milhões de cidadãos - *com legitimidade e direito para exercer o poder de votar e ser votado* - sobrevivem com renda abaixo da linha da pobreza.

Como contraponto e registro comparativo, apresento, em primeiro plano, os dados de um dos pais mais desenvolvidos do Mundo, extraídos do site Wikipédia. Refiro-me a Noruega. Reino da Noruega. 5,3 milhões de habitantes; IDH 0,953; PIB nominal per capita US$101.271/ano.

A relevância desses dados de primeira aproximação ganha especial destaque por tornar possível a comparação entre pontos extremos de riqueza e pobreza teoricamente gestados sob influência e inspiração de regimes democráticos.

Com relação à pobreza extrema trago ao livro um pequeno trecho do relatório do **Banco Mundial**, ano

2018, sob o título *PIECING TOGETHER. THE POVERTY PUZZLE*. p. 19: ... estima-se que **736 milhões** de pessoas estavam vivendo abaixo da Linha de Pobreza Internacional (IPL), atualmente definida em **US$ 1,90**/dia.

O lamentável quadro preponderante de miséria estrutural e endêmica é apresentado, a título de informação, na síntese abaixo, extraída do site Wikipédia que tomo a iniciativa de referenciar como fonte aprimorável de saber intersubjetivo:

> **Angola**. (África) República de Angola. **29** milhões de habitantes; IDH 0,581; PIB nominal per capita US$6.127/ano.
>
> **Brasil**. (América do Sul). República Federativa do Brasil; **210** milhões de habitantes; IDH 0,759; PIB nominal per capita US$10.309/ano.
>
> **Cabo Verde**. (África). República de Cabo Verde; **0,6** milhões de habitantes; IDH 0,654; PIB nominal per capita US$4.089/ano.
>
> **Guiné-Bissau**. (África). República da Guiné-Bissau; **1,8** milhões de habitantes; IDH 0,455; PIB nominal per capita US$598/ano.

Guiné Equatorial. (África). República da Guiné Equatorial; **1,2** milhões de habitantes; IDH 0,591; PIB nominal per capita (sem informação).

Moçambique. (África). República de Moçambique; **29** milhões de habitantes; IDH 0,437; PIB nominal per capita US$1.243/ano.

Portugal. (Europa). República Portuguesa; **10** milhões de habitantes; IDH 0,847; PIB nominal per capita US$23.973/ano.

São Tomé e Príncipe. (África). República Democrática de São Tomé e Príncipe. **0,2** milhões de habitantes; IDH 0,589; PIB nominal per capita US$1.854/ano.

Timor Leste. (África). República Democrática de Timor Leste. **1,3** milhões de habitantes; IDH 0,625; PIB nominal per capita US$3.663/ano.

Nesses países de língua portuguesa, todos constitucionalmente proclamados como Estados democráticos de direito, o cenário preponderante de lastimável miserabilidade - *especialmente nos sete países africanos* - entrelaça-se com a provisoriedade de políticas públicas que, quando existem, são sempre voltadas a projetos pessoais de ascensão, manutenção ou retomada do poder. Forma-se, assim, uma casta de "representantes" que vivem da política, angariam riqueza e continuam na "política" por vaidade, ostentação, desejo de *status*, veleidade, busca de riqueza e prestígio.

Como resultado previsível, deste método de representação fracionária e fictícia, inexiste política pública de Estado. Em cada governo - *mesmo quando eleito democraticamente* - iniciam-se, "novas" e mirabolantes "políticas públicas". Inaugura-se um novo Estado a cada novo período eleitoral. A sucessão de experimentos é constante: novo período, novo governo, novo Estado, nova ilusão!

Como consequência das aventuras coletivas, a massa de cidadãos a partir dessas representações fracionárias e manipuladas, transforma-se em massa de manobra submetidas a "verdades" provisórias e precárias sem correlação com fatos objetivos, dissociadas e alheias ao que acontece no mundo real.

Assim, repetidamente, como em um processo a-histórico - *sem início, sem meio, sem fim* - forma-se, em cada Estado-nação, um ciclo vicioso marcado pela improvisação e por promessas fantasiosas que, com o passar do tempo, se revelam vazias e causam desgaste ao processo de escolha: **a democracia**.

O cenário dominante é de perplexidade e medo. A cada governo, tenta-se implementar um **novo projeto** de país com características de laboratório de experimentos. Sem projeto democrático de Estado, cada grupo ou tribo de poder defende uma ideia de Estado. A cada governo ou período de governo corresponde um novo Estado. Nestes espaços conturbados - *aonde perpetuam-se batalhas internas com alternância de poder entre grupos ou tribos ideológicas* - milhões de cidadãos são entregues à "própria sorte" e, quase sempre, restam condenados pela exclusão histórica e pela pobreza estrutural e endêmica, à baixíssimos padrões de renda, educação e cultura.

De fato, nestes Estados-nação, **formalmente democráticos,** faltam projetos de Estado formulados a partir da identificação de problemas relacionados a propostas sérias, honestas, consistentes e duradouras consubstanciados a partir de processos amplos de discussão e busca de consensos, em poucas palavras: **falta democracia efetiva e sustentável.**

Diante deste cenário é quase inimaginável que nações e cidadãos relativamente conscientes e racionais, aptos ao exercício do voto, mediante método válido e amplamente testado (democracia) para a escolha de representantes e de propostas para a solução de problemas reais, por todos identificados e amplamente conhecidos, debatam-se em torno de problemas que afiguram-se eternamente insolúveis e sejam condenados a viver em permanente miséria.

Nenhuma justificativa plausível pode ser encontrada senão um vício de origem: ausência de diálogo democrático, abrangente e honesto.

Mas como conceber que isto possa persistir de forma permanente e intransponível? Como entender a ausência de diálogo democrático, em democracias, instituídas em comunidades, regiões e países inteiros condenados ao isolamento com outros povos, sem voz, sem vez, sem relevância política, sem expressão linguística, sem riqueza?

Nada há que justifique esta situação de precariedade senão isto: repetição de erro, geração após geração, em uma espécie de aprisionamento histórico formando-se um ciclo vicioso que oscila entre dois polos intermitentes e intermináveis ilusão-desilusão-ilusão-desilusão … *ad infinitum.*

A meu ver, a causa e a consequência da ilusão e da desilusão é a mesma e resume-se em uma palavra: **imediatismo**.

Tal como os ancestrais mais longínquos a situação preponderante nos Estados-nação-rótulo e nas democracias-placebo é viver o hoje, sem pensar no amanhã e o ciclo se repete, geração, após geração, viver o hoje, sem pensar no amanhã; viver o hoje, sem pensar no amanhã ...

Estou convencido que esta repetição do ciclo da vida em torno do mesmo ponto está associada a uma conduta individual que contagia toda a sociedade e que denomino neste livro como **cidadania-regra** em contraposição ao que designo como **cidadania-princípio.**

Estes conceitos são extremamente fáceis de entender, até porque uma vez revelados, passa-se a identificá-los imediatamente, tenho certeza, na simples observação do que ocorre em seu entorno, no dia a dia.

Em territórios como esses dos Estados-nação de língua portuguesa, além das mazelas históricas, surge, desgraçadamente, mais um complicador com potencial alienante, nefasto e destrutivo. De fato, pode-se aferir que o processo histórico de exclusão pavimenta o caminho para a proliferação da pós-verdade - *expressão original post-truth* - definida pela Oxford Dictionaries, como um substantivo que "denota circunstâncias nas quais fatos objetivos têm menos influência em moldar a opinião pública do que apelos à emoção e a crenças pessoais".

A difusão de pós-verdades, encontra o seu veículo facilitador nas Redes Sociais que, uma vez usada por cultores de apelos emocionais e por manipuladores de massas - *na maioria das vezes, pessoas egocêntricas, mentalmente perturbadas, grotescas ou inescrupulosas* - são ecoadas pela mídia tradicional - *exímias amplificadoras do medo* - com quatro propósitos que podem ser assim resumidos:

1) desmoralizar a forma de constituição de Redes Sociais caricaturadas como ambientes destinados à produção e divulgação de intrigas e fofocas;

2) minimizar e denegrir o potencial das mídias sociais simulando desconhecer que plataformas, a exemplo do YouTube, funcionam como canais de vídeos produzidos por conceituados ex-repórteres dos veículos tradicionais de rádio e TV;

3) tentar prolongar a conivência e a dependência recíproca entre o Estado-nação e as redes tradicionais de comunicação, hábeis difusoras do medo, matéria-prima essencial para justificar o uso da força como monopólio dos Estados de Direito;

4) recuperar o poder de influência política e faturamento com publicidade perdidas pelas mídias tradicionais, isto é, complexos de jornais, rádios e emissoras de televisão, todos ligados ao antigo paradigma da **indústria 3.0.**

Como já deixei consignado em *Indústria 4.0: Riqueza, Cidadania e Estado*: "Prepare-se para perceber, ver, sentir e, sobretudo tomar posição e ocupar o seu lugar neste turbilhão - quase sempre confuso e caótico - de interesses, informações, armadilhas, insinuações ignorâncias, saberes, conhecimentos e riquezas que caracterizam a presente fase de transição e declínio da Indústria 3.0".

Nas seções deste capítulo, dedico atenção a definição de alguns conceitos que me parecem essenciais ao entendimento dos problemas tratados neste livro.

A Indústria 4.0 que é o título dessa série, constitui-se o ponto de partida para as minhas reflexões. Alguns autores, mais familiarizados com questões de automação da produção, engenharia de softwares, internet das coisas, pretendem apropriar-se do tema Indústria 4.0 como algo voltado ao segmento que representam. Até aí, nada a opor. O meu interesse pelo tema, no entanto, segue uma corrente histórica que associa as questões de Estado, democracia e cidadania, aos avanços tecnológicos.

Nesta perspectiva, a explosão tecnológica, a difusão de conhecimento, o surgimento de mídias e redes sociais, advindas do avanço industrial representado, especialmente pela Indústria 4.0, tende a mudar, drasticamente, a relação de Estados e de Governos com a mídia convencional, está sim, historicamente, omissa ou pior ainda, claramente associada a esquemas de corrupção e a todas as forma de exercício de poder, legítimo e ilegítimo, moral e imoral, legal e ilegal, inclusive, "fabricação de demandas", criação de modas e formação e preparação da opinião pública.

Parece evidente, na minha perspectiva, que a associação da mídia convencional com Estados e Governos corruptos, está sofrendo um monumental abalo, a partir do surgimento das mídias e redes sociais. Mas as mídias e redes sociais estão sob risco, na medida que perturbam e impedem a formação dos esquemas tradicionais de exercício de poder, especialmente em países aonde prevalece a democracia-placebo.

Este é um ponto de tensão. Nas democracias-placebo, os Estados-nação-rótulo e as mídias convencionais, enfrentam os impasses que lhe são impostos, tal como no momento atual da Indústria 4.0, trazendo o "problema" que lhes incomoda para dentro do Sistema Jurídico Interno, seja para "impor limites", "democratizar", "controlar", "reprimir abusos" ou a qualquer outro título. Portanto, as mídias e redes sociais, estão sob risco potencial de serem engolidas pelo Sistema Jurídico Interno, sobretudo, nos Estados-nação-rótulo.

Neste cenário possível, as decisões dos Tribunais Superiores e dos Supremos Tribunais justificam - *como sempre fazem, mediante um roteiro pseudo-racional, lógico, coerente e defensável* - as pretensões tradicionais de disputa de poder mediante a perpetuação da miséria estrutural e endêmica tão característica das democracias-placebo, porque tudo que é **externo, democratizante e moralizador**, agride, ameaça e tende a desprestigiar o Sistema Jurídico Interno hierarquizado a partir de normas sobre normas, desengatadas da moral e da sustentabilidade. Em relação ao aspecto externo, democratizante e moralizador, basta observar o que acontece, em seu Estado-nação, com algumas plataformas, (mídias sociais) planetárias a exemplo de: WhatsApp; Netflix; Youtube; Amazon; Uber; RádiosNet e, a partir de simples observação, constatar os infinitos avanços promovidos pela Indústria 4.0 em relação ao paradigma, em superação, da Indústria 3.0.

As mídias convencionais, (Indústria 3.0) com toda carga de poder que ainda detêm, noticiam, com frequência, as pautas ditadas pelas mídias e pelas redes sociais, (Indústria 4.0) de forma pejorativa, tentando sempre correlacionar qualquer notícia com *fake news*. Infelizmente, a postura de vaidade e banalização de alguns operadores de redes sociais favorece essa visão. A superficialidade, das redes sociais instiga reação de todos os poderes de Estado em busca do tradicional conforto e previsibilidade das mídias convencionais bem mais propensas a desvios morais e éticos, (diga-se corrupção). Esse embate entre mídias convencionais e mídias sociais fortalece a cidadania e a refundação do Estado e seria lamentável a interrupção desse caminho, antes da consolidação de um novo patamar de democracia sustentável.

Estados-nação-rótulo versus cidadania-regra e vice-versa.

Tal como prometido no início deste capítulo, volto ao tema democracia-placebo para inicialmente conceituá-la e depois associá-la ao conceito de cidadania-regra. Ao final desta seção conclamo o leitor a aferir a qualidade da democracia e da cidadania do seu povo com possibilidade de formular juízo especulativo sobre o resultado final a ser esperado diante desta aventura coletiva.

Como ficará evidenciado, a cidadania-regra é o exercício tortuoso da cidadania em busca de resultados imediatos, perseguidos por cidadãos infantilizados, soberbos, individualistas, extremamente críticos, afeitos a burlar, a trapacear e a sobrepor-se a tudo e a todos, mas, apesar de tudo, estes cidadãos infantilizados são extremamente hábeis em salvar as aparências e, frequentemente, detém poder argumentativo com características similares a grandes estelionatários. Em razão desta característica, a democracia-placebo é, em si mesma, uma forma lapidar de estelionato coletivo tendo como resultado o autoengano coletivo do qual resulta um arcabouço normativo belo e vazio que designo por Estados-nação-rótulo.

Denomino por democracia-placebo a aparência formal de democracia, como uma espécie de placebo, ou seja, um remédio destituído de princípio ativo. No caso da democracia-placebo o princípio ativo é substituído por algo sem efetividade, embora seja formalmente similar, trata-se, no entanto de uma forma de cidadania, sem atendimento ao princípio da igualdade, pautada por reivindicações que jamais poderiam ser extensivas a todos os cidadãos, sob pena de comprometer a sustentabilidade, além de derrogação do princípio da isonomia, fixado constitucionalmente, em todos os Estados-nação.

Exatamente por suas características - *imediatidade, narcisismo e limitação a interesses pontuais ou de grupos* - designo-a como cidadania-regra. Esta modalidade de cidadania é como um placebo (do latim placere, "agradar") que funciona como componente da democracia-placebo, ou seja, parece com democracia sem ser democracia, como o placebo, parece com remédio sem ser remédio, mas simplesmente é PLACEBO

A cidadania-regra pauta-se em regras de tudo-ou-nada, SEMPRE, ou como se costuma dizer em língua portuguesa na regra do *ou-vai-ou-racha*. O certo é que, de fato, algumas vezes vai e algumas vezes racha e a equação final, quando historicamente analisada, apresenta resultado ZERO ou próximo de zero. Isto quer dizer que, historicamente, o **vai** neutraliza e anula o **racha**.

O atraso e o descrédito vão se acumulando como efeito colateral do exercício da cidadania-regra que é tão-somente um passatempo, um autoengano coletivo, um engodo. De fato, o percurso do tempo assemelha-se a ausência de história, sem referência, sem aprendizado, sem avanços.

Como dito antes, a cidadania-regra está fundamentada em ação e reação imediatas algo quase instintivo, algo quase irracional. A **regra**, tal como apresento neste livro, foi conceituada por Kant, com a denominação original de **imperativo hipotético**.

Neste livro, promovo a releitura de três temas como o objetivo de ajudar-nos a perceber o risco potencial dessa cilada - *quanto às opções e consequências das escolhas coletivas* - entre o falso e o real, com um desfecho que se afigura perturbador e duradouro: a produção e a retroalimentação da ignorância e da estupidez, nesta guerra entre as Redes Sociais e a Grande Mídia, até que cheguemos, com avanços e retrocessos, a um novo patamar de equilíbrio com prevalência desejável da RAZÃO e da DEMOCRACIA.

O instrumento para melhorar a sintonia dos Governantes com os governados e permitir a estes, a possibilidade de acompanhar e criticar o que acontece e colocar em perspectiva a possibilidade de avanços, a partir de consensos foi percebida por Norberto Bobbio:

> Em um regime democrático é imprescindível que haja mecanismos de ampla divulgação das normas que regem o processo governamental de modo que o poder possa, em decorrência da proximidade espacial entre governante e governado, ser controlado e fiscalizado pelo povo. [...]. Nenhum déspota da antiguidade, nenhum monarca absoluto da idade moderna, apesar de cercados por mil espiões, jamais conseguiu ter sobre seus súditos todas as informações que o mais democrático dos governos atuais pode obter com o uso dos cérebros eletrônicos. (Bobbio, p. 43)

> [...] foi Kant, que pode com justiça ser considerado o ponto de partida de todo discurso sobre a necessidade da visibilidade do poder, uma necessidade que é para Kant não apenas política, mas moral, (Bobbio, p. 103).

A necessidade de a ação política estar em sintonia com a moralidade deveria ser uma exigência, direta e permanente da cidadania, mas ao contrário disto, o sistema jurídico concebido por Kelsen e seguido por todos os Estados-nação-rótulo, coloca a situação em um perspectiva inversa, ou seja, o princípio da moralidade está posto, como norma a ser seguida por agentes políticos que representam o Estado. E, portanto, caberia ao Estado promover o engate da moral com a política. Algo claramente equivocado.

Ora, se a base moral é constantemente erodida pela cidadania-regra - *como já deixei consignado em diversos pontos deste trabalho* - torna-se praticamente impossível, aos agentes políticos, serem eleitos sem violação, no ponto de partida, ao princípio da moralidade. Essa conduta lhes é exigida. Assim, a violação ao princípio da moralidade torna-se requisito imprescindível para a sobrevivência política e é o *modus operandi* de recrutamento de quadros políticos cada vez mais identificados com o estilo "viver da política" na feliz expressão de Max Weber, (Política como Vocação, p. 64/65):

> Há duas maneiras de fazer política. Ou se vive 'para' a política ou se vive 'da' política. Nessa oposição não há nada de exclusivo. Muito ao contrário, em geral se fazem uma e outra coisa ao mesmo tempo, tanto idealmente quanto na prática. [...]. Daquele que vê na política uma permanente fonte de renda, diremos que "vive da política" e diremos, no caso contrário que vive para a política.

Constato que os políticos mais identificados e mais hábeis em entender e atender a cidadania-regra, (sempre ávida por soluções pessoais e de curto prazo), são aqueles que "vivem da política". Para esses políticos de profissão o fio condutor do sucesso eleitoral é viver da política para servir-se do Estado, em benefício pessoal e em defesas de interesse pessoais e de curto prazo do seu eleitorado. Para alcançar-se e manter-se no poder, os agentes políticos vinculam-se, (preponderantemente) à cidadania-regra e com isto, viciam toda a atividade política. Os Estados-nação-rótulo e os Governos, constituem-se, estão e permanecerão, desengatados do compromisso com a moralidade.

A exigência de publicidade, por seu turno, como defende Bobbio, torna a ausência de moralidade como algo jocoso, quase um mantra, sempre perseguido e exposto como uma ferida, uma chaga aberta e incurável. Nada é levado a sério e a banalização passa a servir de pretexto para desacreditar a tudo e a todos, na expressão da cidadania-regra: os políticos "são todos farinha do mesmo saco". Claro! Políticos "qualificados" pela marca do imediatismo, da vaidade pessoal, da busca de holofotes para aparecer perante a cidadania-regra como alguém diferenciado e confiável. O mesmo saco resultante do afunilamento que induz a atuação política sem perfil ideológico, sujeitos que vivem da política e angariam sucesso e fortuna para vencer todas eleições e formar um clã familiar, (avós, pais, filhos e netos) igualmente "vocacionados" para viver da política.

A dialética se aperfeiçoa entre dois blocos em permanente relação de conflito e busca de harmonização: Estado-nação, (como ente político-ideal) e cidadania, (como substrato político-real). Ambos, conceitualmente, após o percurso dialético com a mediação da democracia-placebo, saem menores, um torna-se Estado-nação-rótulo, o outro, cidadania-regra.

Este percurso dialético entre o ideal e o real, pode ser assim resumido: O Estado-nação, munido de um sistema normativo, postula, no plano interno de sua atuação, três funções essenciais à vida em sociedade: a) legislar, (instituindo normas), executar, (provendo bens e serviços), distribuindo a justiça (dirimindo conflitos e promovendo a paz social). No plano externo o Estado-nação, exerce duas outras atribuições: soberania, (independência e autogestão), autodeterminação, (autonomia linguística e cultural). Dentro dos limites territoriais de cada Estado-nação, habita uma população formada por cidadãos. Percebo que esse segmento da vida real está dividido em dois grupos. Um, é a cidadania-regra aprisionada pela sedução do imediatismo e pela visão de curto prazo: viver aqui e agora. O outro é a cidadania-princípio, forjada no embate cotidiano do trabalho e da honestidade, bem mais propensa a percepção de problemas estruturais e as soluções duradouras que envolvem múltiplos e abrangentes interesses coletivos e difusos.

A maior ou menor proporção de um ou de outro grupo de cidadania determina a precariedade ou a força da democracia. Aonde prepondera a cidadania-regra, tem-se a democracia-placebo, em grau máximo. Em contraposição, aonde prepondera a cidadania-princípio o Estado-nação-rótulo, opera em situação próxima à razoabilidade.

Em qualquer dos formatos a democracia-placebo tem a mesma aparência formal: sistema jurídico interno, hierarquizado, (direito positivo); instâncias formais de poder, (Executivo, Legislativo e Judiciário), instância de representação no plano internacional, (Presidente ou Monarca, representante do Estado-nação, perante outros Estados-nação). Tudo aparentemente normal e satisfatório, (mera retórica em permanente tensão com a vida real).

O nível de tensão entre o Estado-nação-rótulo e a cidadania-regra é perceptivelmente variável. Certamente em situações mais severas, prepondera um grau de acomodação e de letargia paralisantes. Em alguns desses Estados-nação-rótulo, percebe-se a ausência de perspectivas e, quando isto acontece, o fluxo migratório se intensifica, os conflitos sociais aumentam, a degradação ambiental é ignorada, a dignidade humana torna-se peça de ficção.

As imagens dos cidadãos correlacionadas à imagem do Estado-nação-rótulo percorrem o mundo, como estereótipos de ausência de dignidade, normalmente com pedido de ajuda humanitária formulada por agências internacionais de socorro. Nesse cenário, torna-se mais visível a preponderância da cidadania-regra. Como todos ou quase todos os cidadãos estão premidos por necessidades imediatas de sobrevivência, a engrenagem de funcionamento do processo democrático roda em torno desta situação de emergência. As demandas individuais e coletivas clamam urgência. Uma horda de cidadãos moldáveis, afeitos a qualquer benefício, favor ou benevolência entra em situação de desespero.

Segundo a Lei de Say, "a oferta cria sua própria demanda". No caso sob análise, a lei do economista Jean-Baptiste Say (1767), aplica-se a equação política da seguinte maneira: os cidadãos ofertam votos a políticos hábeis a mediar suas demandas frente aos entes do Estado-nação. A casta política forma-se e consolida-se usando práticas de mercado. Desta forma, nos Estados-nação-rótulo, por razões de ordem práticas, os bons políticos são aqueles que "resolvem coisas" e intermediam favores.

Em escala nacional, a linguagem política passa a ser a mesma. A pauta eleitoral dos agentes políticos fica engessada à busca de resolução para problemas imediatos, desengatados de compromissos morais. Existe democracia? Sim, (democracia-placebo). As instituições estão funcionando? Sim. (Sistema Jurídico Interno e hierarquizado). O Estado-nação mantém suas funções essenciais. Sim. (Executivo, Legislativo e Judiciário, reféns de assuntos urgentes e pautas de curto prazo). Direito positivo, tido e havido como satisfatório: Estado-nação-rótulo, plenamente justificado.

Com o passar do tempo, os procedimentos tanto do Estado-nação-rótulo, por meio dos seus agentes políticos, quanto da cidadania-regra, em permanente desgaste com a moral, em busca de solução para problemas emergenciais, tornam-se uma imposição lógica. Porque antes de pensar-se no futuro é imprescindível superar os problemas do presente. É desta forma que a cultura nacional de improvisação e de busca de resultados imediatos está implantada e sólida em todos os Estados-nação-rótulo, aprisionados na resolução de problemas de curto prazo.

A aparente normalidade, como acabei de descrever, satisfaz, plenamente a organização e manutenção dos Estados-nação-rótulo. Tudo, absolutamente, tudo, está de acordo com a Lei (hipotética) Fundamental. Observe-se que nas palavras de Hans Kelsen: "*A norma fundamental,* ***determinada*** *pela Teoria Pura do Direito como condição da validade jurídica objetiva,* ***fundamenta****, porém, a validade de* ***qualquer ordem*** *jurídica positiva...*" (op. citado).

Qualquer ordem jurídica positiva, como diz Kelsen, está devidamente validada pelo processo de produção de normas. Neste ponto a democracia-placebo é formidável pelo efeito anestésico. O "paciente", Estado-nação-rótulo, segue todo o receituário: modifica permanentemente as leis, elege e reelege representantes do povo, em todos os níveis, sem sequer perceber que o Estado-nação-rótulo, tal como a sua cidadania-regra está aprisionada a solução de problemas emergenciais e de curto prazo, sem força ou energia adicional para construir consensos sobre temas relevantes de médio e longo prazos.

Do ponto de vista dialético a cidadania-regra exaure o Estado-nação-rótulo e o Estado-nação-rótulo precariza, empobrece, expõe ao ridículo e mata a cidadania-regra, mas, apesar de tudo, continua a cultivar e a cultuar, por suas instâncias de poder retórico, a democracia-placebo. Ao lado do espetáculo de miséria endêmica e devastação ambiental, a mesma cidadania-regra contempla e aspira, como em um passe de mágica, a construção de um Estado-nação forte, probo e honesto.

A questão é, pois, como sair deste determinismo histórico? Como exercício de reflexão, em busca do fortalecimento da cidadania e da refundação do Estado, proponho o retorno a Kant.

Democracia sustentável. Kant. Imperativo categórico.

A democracia-placebo - *por seu componente placebo* - tende a promover alívio momentâneo ou até mesmo duradouro, a depender do grau de autossugestão a que está submetido o paciente. No caso dos "pacientes" Estados-nação, a democracia-placebo tem sido relativamente eficaz em mantê-los com algum grau de organização, mas a cidadania-regra - *se levada ao extremo* - tende a anular, todos os efeitos benéficos até então conquistados, graças ao poder de convencimento dos discípulos e adeptos da Teoria Pura do Direito.

Como se pode pretender que o Governo, advindo do substrato social desqualificado, qualifique o Estado? Mas é, exatamente isto o que se pretende nos Estados-nação-rótulo: um Estado cuidadoso, organizado, previdente e um Governo probo, honesto e diligente. Em resumo, o que se espera, **em vão**, é que a democracia-placebo e a cidadania-regra operem um milagre, isto é, a partir de condutas subjetivas individualistas, narcisista e moralmente deploráveis, surjam Estados-nação fortes com democracias hígidas e duradouras. Seria o mesmo que "extrair leite de pedra".

Com efeito, do ponto de vista lógico-racional, trata-se de uma inversão, pretender-se que o Estado-nação, (como ente fictício que é) paute-se por PRINCÍPIOS. Isto equivaleria a pretender que o Estado-nação exerça a atribuição de ser o TODO e restabeleça a UNIDADE, *a posteriori*, depois de todas as fissuras e divisões provocadas no âmago da sociedade civil por interesses imediatos, ambições individuais, disputas e guerras desproporcionais promovidos e provocadas por um substrato social destroçado, corrompido e submetido ao medo e, por esta mesma razão, infantilizado, (quase imbecilizado), inseguro e desorientado.

Afinal como um substrato cultural, social e político poderia ditar e reproduzir uma superestrutura normativa maleável, flexível e adaptável capaz de subsistir a sociedades civis que buscam permanentemente soluções imediatas, narcisistas e mágicas e, a contrário senso, esperam, em vão, alcançar soluções estáveis, isonômicas e duradouras? Esse é um contrassenso perceptível pela simples montagem da equação que lhe é subjacente. A primeira parte da equação exclui a segunda parte. Uma parte repele a outra. Improvisação, imediatismo e soluções de curto prazo são incompatíveis com resultados permanentes, isonômicos e sustentáveis.

Caro leitor, o que se pretende no mundo mágico da "teoria pura do direito" é que o Estado-nação seja guiado por princípios e, mais ainda, que estes princípios surjam, brotem, originem-se de leis, tendo no ápice uma lei (maior e hipotética): a denominada "Lei Fundamental" que é também denominada "Carta Magna". Essa é a superestrutura normativa: leis concebidas e manipuladas para todos os gostos. O mundo da pós-modernidade está intoxicado com um porre de leis.

É cada vez mais evidente: algo deu errado!

A Lei (hipotética) Fundamental, como criação de juízo analítico *a priori,* deveria ocupar o lugar de uma lei universal, segundo Kelsen. Mas a Lei Fundamental de Kelsen, passou a ser banalizada a tal ponto que, em todos os Estados-nação-rótulo a Lei Fundamental, a Lei Universal, a Carta Magna, ou qualquer nome pomposo que se lhe dê, é, de fato, "Lei Universal Mutável". A cada Governo e a cada momento circunstancial, sugere-se e implanta-se uma "nova mudança". O equivalente disto, na Física, seria dizer que a Lei da Gravidade pode ser revogada e que a maçã pode subir, ao invés de cair, em algum lugar do mundo.

Voltemos a Immanuel Kant, (1789):

> O imperativo categórico é, portanto, só um único, que é este: Age apenas segundo uma máxima tal que possas ao mesmo tempo querer que ela se torne **lei universal**.

Observe-se, portanto, a diferença de conceitos. Para Kelsen a Lei Universal é uma lei pressuposta, desengatada da moral; para Kant, a Lei Universal é uma máxima moral, é um agir, uma conduta sustentável e desejável, como uma lei imutável de promoção orientada ao bem comum.

A Lei Universal para Kelsen supriria, na instância normativa, mediante sanção e coação, o *déficit* moral da sociedade civil. A Lei Universal para Kant nasce no âmbito da conduta subjetiva, irradia-se para a conduta social (intersubjetiva) como um agir pessoal e coletivo, sustentável.

Tal como na revolução copernicana de Kant, (1789) que reivindicou a centralidade da ciência no sujeito, em substituição ao paradigma anterior tendo como centralidade o objeto. Trata-se, agora, de atribuir a centralidade do projeto de Estado à cidadania exercida com base em princípios que denomino cidadania-princípio.

A revolução, agora, portanto, deve operar-se mediante a internalização de princípios morais e éticos na sociedade civil, na cidadania. A cidadania-princípio deve ocupar a centralidade do Estado. O Governo, como operador-delegatário da cidadania na busca do bem-comum deve regalar-se pela cidadania-princípio, porque esperar que o Estado crie e imponha princípios, aos cidadãos, equivale a pensar que o sol gira em torno da terra e este paradigma foi superado, nas ciências físicas, por Copérnico, no Século XVI.

Sustentabilidade como imperativo categórico. O imperativo categórico concebido por Kant obedece a um argumento simples: obediência ao princípio moral e ético. Diante de qualquer situação, deve-se formular a seguinte questão. O que eu estou prestes a fazer, seria desejável que todos fizessem? O que eu estou prestes a fazer pode servir como um princípio universal? O que eu estou prestes a fazer é sustentável?

Diante destas perguntas, quando a resposta é **sim**, ou seja, quando o que se faz é aplicável a qualquer outro indivíduo, está-se diante de um princípio universal racional. E esse princípio é um princípio moral categórico, isto é, deve ser feito.

A atualização do pensamento kantiano, equivalente ao "***imperativo categórico***" pode ser plenamente traduzido por um termo atual, política e ecologicamente correto, refiro-me ao conceito de ***Sustentabilidade***.

Com efeito, sustentabilidade é um termo usado para definir ações e atividades humanas que visam suprir as necessidades atuais dos seres humanos ***sem comprometer o futuro das próximas gerações***.

Neste mesmo sentido, a WCED, 1987, p. 43, define como desenvolvimento sustentável aquele "desenvolvimento que atende às necessidades do presente sem comprometer a capacidade das gerações futuras de atender suas próprias necessidades".

Considero válida a conceituação, ora proposta, para tomar como equivalentes o ***imperativo categórico*** e a ***sustentabilidade da democracia***, e, à semelhança do compromisso moral e ético proposto por Immanuel Kant, estabeleço como ponto de partida alguns exemplos para o conceito de imperativo categórico como dever de sustentabilidade.

Tudo aquilo que a resposta à questão seja **SIM** deve orientar a **razão** e a **ação prática**, como elemento tendente a constituir-se em avanço democrático, político e cultural na formação do Estado-nação. Assim formulo onze argumentos como exercício inicial à proposta que defendo como sucedâneo ao placebo, em direção ao que designo cidadania-princípio:

1. **Apoiar** projetos de poder local, regional e/ou nacional, explícitos, preferencialmente escritos, submetidos a discussão em audiências públicas, consultas populares e plebiscitos, respaldados em princípios morais e éticos *é democraticamente sustentável?*

Se a sua resposta a esta questão é **SIM ...**

Antes de exercer o direito subjetivo ao voto, procure conhecer os candidatos, pelo seu histórico de vida e pelo projeto político que representam, (princípio de consciência), fuja de "slogans", propensos a criar falsas expectativas, em lugar disto respalde e credencie projetos apresentados, discutidos e construídos coletivamente, (convicção pessoal e dever subjetivo); transmita a sua convicção pessoal argumentativamente a outros eleitores, (cidadania-princípio).

2. **Zelar** pelo patrimônio público, material e imaterial e pela infraestrutura existente na sua cidade, na sua região e no seu país, como forma de evitar gastos públicos com manutenção permanente que pode ensejar, e quase sempre enseja, gastos desnecessários, desvios e corrupção, *é democraticamente sustentável?*

   Se a sua resposta a esta questão é **SIM ...**

   Procure estar atento a sua conduta e melhore a sua percepção quanto à manutenção e preservação do patrimônio público, material e imaterial, e da infraestrutura existente nos locais por onde você circula, (princípio da previdência), evite atitudes impensadas e irresponsáveis que podem justificar condutas similares (convicção pessoal e dever subjetivo); transmita a sua convicção pessoal argumentativamente a outros cidadãos-contribuintes que pagam a conta pública, (cidadania-princípio).

3. **Melhorar** a participação das mulheres na vida político-partidária, até atingir, no mínimo, isonomia de representação em relação aos homens, *é democraticamente sustentável?*

Se a sua resposta a esta questão é **SIM …**

Esteja atento às candidaturas femininas em todos os níveis de governo (princípio da razoabilidade) e vote em mulheres (convicção pessoal e dever subjetivo); transmita a sua convicção pessoal argumentativamente a outros eleitores, (cidadania-princípio).

4. **Incentivar** o consumo consciente e evitar compras por impulso, como forma de melhoria na preservação do meio ambiente e redução do efeito estufa, *é democraticamente sustentável?*

Se a sua resposta a esta questão é **SIM …**

Esteja atento ao seu padrão de consumo, (princípio da razoabilidade); evite consumo excessivo e compras por impulso, (convicção pessoal e dever subjetivo) e transmita a sua convicção pessoal argumentativamente a outros sujeitos, (cidadania-princípio).

5. **Assumir** e honrar compromissos e contratos sem necessidade de intervenção judicial ou ordem policial, *é democraticamente sustentável?*

   Se a sua resposta a esta questão é **SIM ...**

   Seja comedido ao assumir compromissos e contratos, (observância ao princípio da moderação), cumpra seus compromissos e contratos com presteza e pontualidade (convicção pessoal e dever subjetivo); demonstre aos outros sujeitos que você valoriza o cumprimento de compromissos assumidos, (cidadania-princípio).

6. **Adotar**, por si mesmo, sem imposição alheia e sem exibicionismo, conduta moral e ética de respeito aos seus semelhantes, *é democraticamente sustentável?*

   Se a sua resposta a esta questão é **SIM ...**

   Observe a sua conduta pessoal e procure melhorar a cada dia a sua postura moral e ética em relação a si mesmo, (princípio de probidade), evite exibicionismo, procure a cada dia ser mais cauteloso e probo, fuja da degradação moral e ética, (convicção pessoal e dever subjetivo); procure agir, preferencialmente sem falar e sem dar lição de moral, como forma a inspirar confiança e exemplo aos demais sujeitos da sua relação pessoal, (cidadania-princípio).

7. **Evitar** a divulgação de *slogans* elaborados por profissionais de *marketing* que transformam qualquer político em "produto vendável", *é democraticamente sustentável?*

   Se a sua resposta a esta questão é **SIM ...**

   Recuse-se a promover a divulgação de *slogans* em suas redes sociais, (princípio da previdência), evite atitudes impensadas e irresponsáveis que podem justificar condutas similares (convicção pessoal e dever subjetivo); transmita a sua convicção pessoal argumentativamente a outros cidadãos-contribuintes que pagam a conta pública, (cidadania-princípio).

8. **Analisar** e discutir, com antecedência, aquilo que você considera como principais problemas e verificar como outros percebem esses problemas e suas respectivas propostas de solução de médio e longo prazos, elaborados por partidos políticos de âmbito nacional e convencer-se da viabilidade de programas, projetos e propostas, *é democraticamente sustentável?*

   Se a sua resposta a esta questão é **SIM ...**

Analise e discuta com outros sujeitos os problemas de interesse geral e coletivo de médio e longo prazos e perceba se algum partido político de âmbito nacional, atende às suas expectativas, (princípio da participação), discuta e reforce a sua posição de apoio para soluções de problemas coletivos de médio e longo prazos, (convicção pessoal e dever subjetivo); transmita a sua convicção político-eleitoral argumentativamente a outros eleitores, (cidadania-princípio).

9. **Perceber** que a autolimitação na divulgação de *fake news* fortalece o uso das redes sociais como forma de democracia direta, aliado ao consequente e desejável aprimoramento das mídias convencionais que, historicamente, aliaram-se a Estados e a Governos corruptos, *é democraticamente sustentável?*

Se a sua resposta a esta questão é **SIM ...**

Evite ser usado como massa de manobra pelas mídias convencionais e busque aprimorar o uso das mídias sociais como espaço de democracia direta, que necessita ser cada vez mais sólido e respeitável, (princípio da participação direta), evite condutas que contribuam para a degradação do ambiente coletivo representado pelas redes sociais, (convicção pessoal e dever subjetivo); transmita a sua convicção pessoal argumentativamente a outros cidadãos-eleitores, (cidadania-princípio).

10. **Interromper** a divulgação de *fake news* nas redes sociais das quais você participa e negar-se a respaldar condutas abusivas ou depreciativas à imagem de pessoas ou instituições, *é democraticamente sustentável?*

    Se a sua resposta a esta questão é **SIM ...**

    Ao receber alguma notícia, antes de respaldá-la e repassá-la aos seus contatos, tome o cuidado de verificar a veracidade, fonte e autenticidade, (princípio da convivência), evite condutas que contribuam para a degradação de ambiente, social, político e cultural, (convicção pessoal e dever subjetivo); transmita a sua convicção pessoal argumentativamente a outros eleitores, (cidadania-princípio).

11. **Perceber** exemplos de simplicidade e valorizar condutas corriqueiras da vida de pessoas comuns que possam constituir-se em exemplo de dignidade e respeito aos semelhantes, *é democraticamente sustentável?*

    Se a sua resposta a esta questão é **SIM ...**

    Observe, no seu dia a dia, o seu entorno e valorize atos e condutas de pessoas simples, próximas a você, que constituem-se em exemplos de vida e, por esta razão, devem ser percebidas e valorizadas como referências de dignidade, (princípio da convivência), cultue exemplo de dignidade e simplicidade, existentes em todas as comunidades, (convicção pessoal e dever subjetivo); valorize e expresse argumentativamente perante os outros o que realmente conta na arte de viver e conviver. Formule a si mesmo a pergunta: O que estou prestes a fazer, é desejável que todos fizessem? Se a resposta é sim. Faça, (cidadania-princípio).

Para finalizar esta seção, dedico algumas reflexões aos estudiosos da hermenêutica constitucional para referir-me ao trabalho de excelência de dois doutrinadores referenciados internacionalmente. Cuido expressamente de fazer uma breve abordagem ao pensamento de Ronald DWORKIN e Robert ALEXY.

Primeiro, proponho que vejamos o ensinamento de DWORKIN, sobre a distinção entre princípios e regras.

> [...] Os princípios possuem uma dimensão que as regras não têm – a dimensão de peso ou importância. Quando os princípios se intercruzam (por exemplo, a política de proteção aos compradores de automóveis se opõe aos princípios de liberdade de contrato), aquele que vai resolver o conflito tem de levar em conta a força relativa de cada um. Esta não pode ser, por certo, uma mensuração exata e o julgamento que

> determina que um princípio ou uma política particular é mais importante que a outra frequentemente será objeto de controvérsia. Não obstante, essa dimensão é uma parte integrante do conceito de um princípio, de modo que faz sentido perguntar que peso ele tem e o quão importante ele é. (DWORKIN, 2007, p. 42/43).

Creio que a tese de DWORKIN ajusta-se, perfeitamente, a distinção feita por Kant, (1789) em relação ao imperativo categórico e imperativo hipotético. Ou seja, ao meu ver, a tradução de princípio, com sentido idêntico, é a mesma que imperativo categórico e o significado de regras é o mesmo, que imperativos hipotéticos. DWORKIN reconhece a influência do pensamento kantiano em sua obra.

> Numa fase da sua teoria, em desenvolvimento, Kant afirma que a liberdade é uma condição essencial da dignidade - d*e fato essa liberdade é dignidade* - e que só formulando uma lei moral e agindo em obediência a essa lei pode um agente encontrar liberdade genuína. Por conseguinte, aquilo que parece uma moralidade da abnegação torna-se, a um nível mais profundo, uma moralidade da autoafirmação. A unificação da ética e da moralidade, em Kant, é obscura porque tem lugar no escuro daquilo a que chamou mundo numérico, cujo conteúdo é para

> nós inacessível, mas que é o único domínio onde pode ser realizada a liberdade ontológica. (DWORKIN, 2014, p. 31)

Quanto a Robert Alexy, vejamos um breve e ilustrativo texto sobre hermenêutica constitucional, tendo por base a aplicação de princípios e regras.

> As colisões entre princípios devem ser solucionadas de forma completamente diversa. Se dois princípios colidem – *o que ocorre, por exemplo, quando algo é proibido de acordo com um princípio e, de acordo com outro, permitido* –, um dos princípios terá que ceder. Isso não significa, contudo, nem que o princípio cedente deva ser declarado inválido, nem que nele deverá ser introduzida uma cláusula de exceção. Na verdade, o que ocorre é que um dos princípios tem precedência em face do outro sob determinadas condições. Sob outras condições a questão da precedência pode ser resolvida de forma oposta. Isso é o que se quer dizer quando se afirma que, nos casos concretos, os princípios têm pesos diferentes e que os **princípios com maior peso têm precedência** [...]" (ALEXY, 2006, p. 93/94).

Sem dúvida, é importante entender e discutir o funcionamento e os instrumentos de aplicação do direito, em casos concretos, e, neste sentido as formulações teóricas tanto de DWORKIN quanto de ALEXY, são extremamente relevantes para o aprimoramento do direito constitucional positivo. Portanto, sem qualquer discordância quanto ao conteúdo das teses formuladas por ambos em relação à hermenêutica constitucional. A minha divergência, está fora do quadro interpretativo porque entendo que a moralidade precisa ser um pré-requisito à higidez da convivência coletiva e, portanto, deve ser assumida no âmbito de Inter relações cotidianas.

Talvez por isto, a tese de ALEXY, sobre mandado de otimização, para mim, chega a soar como liberdade poética, quando a analiso perante a precariedade demonstrada pelos Estados-nação-rótulo, em geral, incapazes de agirem segundo princípios. A partir da liberdade poética que também postulo, imagino a profusão de argumentos lançados por operadores do direito, clamando por soluções jurídicas com a luxuosa ajuda da tese de ALEXY sobre mandado de otimização na aplicação do Direito Constitucional perante Ministros das Supremas Cortes, conscientes da impotência dos Estados-nação-rótulo, em suprir vícios morais irradiados a partir do substrato social de onde originam-se todos as mazelas, (singulares e coletivas com todos os tons de intensidade) que se pretendem corrigir na última instância do Poder Judiciário: corrupção; desvio de poder; tráfico de influência; nepotismo; estelionato; advocacia administrativa, etc.

Seria, como se diz em português, uma tentativa de "tapar o sol com a peneira". É impossível represar, na instância jurídica, os desmandos que se originam e se reproduzam por todos os poros do tecido social?

Vejamos a tese sobre princípios, como mandados de otimização:

> Princípios são mandamentos de otimização em face das possibilidades jurídicas e fáticas. A máxima da proporcionalidade em sentido estrito, ou seja, a exigência de sopesamento, decorre da relativização em face das possibilidades *jurídicas*. Quando uma norma de direito fundamental com caráter de princípio colide com um princípio antagônico, a possibilidade jurídica para a realização dessa norma dependente do princípio antagônico. Para se chegar a uma decisão é necessário um sopesamento dos termos da lei de colisão. Visto que a aplicação de princípios válidos - caso sejam aplicáveis - é obrigatória, e visto que para essa aplicação, nos casos de colisão, é necessário um sopesamento, o caráter principiológico das normas de direito fundamental implica a necessidade de um sopesamento quando elas colidem com princípios antagônicos. Isto significa, por sua vez, que a máxima de proporcionalidade em sentido estrito é deduzível do caráter principiológico das normas

de direitos fundamentais. (ALEXY, 2006, p. 117)

A minha perspectiva de análise, com relação aos temas tratados por DWORKIN e ALEXY, caracteriza divergência quanto ao seguinte ponto, a meu ver, essencial: no entendimento de ambos, o engate do Direito com a moral, (claramente desprezado por Hans Kelsen na formulação da sua teoria pura do direito) deve ocorrer na aplicação do direito, ou mais precisamente na aplicação do Direito Constitucional, mediante hermenêutica jurídica a ser exercida pelo Estado-juiz como norma impositiva dirigida a pequenos grupos ou segmentos da sociedade civil.

Como postulação teórica, no âmbito do positivismo jurídico, isso é defensável. Do ponto de vista da efetividade - *especialmente nos Estados-nação-rótulo* - isto soa como uma diversão acadêmica repetida por operadores do direito à exaustão, ora como pedantismo intelectual, ora como bálsamo psicológico.

Por certo, estas teses alimentam a ilusão da democracia-placebo, em um exercício retórico permanente de busca de engate do sistema normativo interno com princípios morais, externos ou inexistentes. Ao contrário disso, na minha perspectiva, os Estados-nação-rótulo são incapazes de subverter a ordem lógica. Estou convencido que o princípio da moralidade, para irradiar-se por toda a sociedade, deve partir da base de sustentação do próprio Estado-nação, ou seja, deve estar incrustado na sociedade civil e, mais precisamente na cidadania-princípio que, para surtir algum efeito, precisaria ser prevalente sobre a cidadania-regra.

O que acabo de dizer pode ser expresso da seguinte forma: os Estados-nação submetidos à cidadania-princípio estão mais aptos a perceber problemas complexos e a formular respostas de médio e longo prazos; os Estados-nação-rótulo, subvertidos pela cidadania-regra, sobrecarregam-se com respostas imediatas e ficam aprisionados a questões de vida ou morte, em um ciclo vicioso permanente, como um cachorro girando em torno do próprio rabo.

Com efeito, entendo que os Estados-nação-rótulo, reproduzem, em seus sistemas jurídicos internos, (como procurei demonstrar ao longo deste trabalho) os mesmos vícios que lhes são transferidos pela sociedade civil. A omissão da sociedade civil e mais precisamente da cidadania, contamina irremediavelmente os sistemas normativos do Estados-nação. Sociedade civil amoral: Estados-nação e Governos, corruptos, necessariamente, e na mesma proporção, como a realidade refletida no espelho.

Pretender que o Estado-nação-rótulo corrija a distorção moral que lhe é transferida pela sociedade civil é, no mínimo, uma inversão lógica. O sinal dessa ruptura nasce na escolha equivocada de imperativos hipotéticos ou regras, adotados como balizamento da conduta humana, existente na base da cidadania-regra.

Como nos alertou Kant, (1789), os imperativos hipotéticos, os mesmos que DWORKIN e ALEXY denominam como regras, no âmbito da hermenêutica constitucional, servem tão somente ao êxito momentâneo, ao sucesso de objetivos e estão, portanto, limitados ao curto prazo, ao sucesso ou ao insucesso de uma ação concreta e definida. Apenas os imperativos categóricos ou princípios, (como designam DWORKIN e ALEXY, em relação a hermenêutica constitucional) podem garantir sustentabilidade à conduta humana.

O autoengano coletivo tem limites e trará consequências para toda a humanidade, a exemplo do autoengano coletivo a que estão submetidos os Estados-nação-rótulo, hoje, restritos o papel institucional, de Estados síndicos da miséria, com a função primordial de punir e reter, em seus territórios, uma população crescente de miseráveis, sem, no entanto, soberania suficiente para impedir o ataque especulativo do capital financeiro internacional.

O que mais me surpreende é perceber que este enlace retórico e acadêmico - *iniciado pela concepção de uma constituição instrumental, estilo copia e cola, nos moldes da teoria de Kelsen* - persista por tanto tempo nos Estados-nação de língua portuguesa, todos com relativa capacidade de diálogo, aptos em ler e interpretar - *com ponderável grau de acerto* - dados da realidade e, em lugar de assim proceder, detenham-se a ler e a aplicar receituários normativos e teses acadêmicas gestadas em situações e em ambientes tão díspares das suas respectivas vivências e experiências práticas. Neste caso o saber empírico é inteiramente desprezado em favor do saber racional, neste caso, razão pura formulada a partir de juízos analíticos *a priori*.

Soberania secundária. Estados síndicos da miséria.

Os Estados-nação-rótulo são propensos a tornarem-se *Estados síndicos da miséria.* Esta propensão é potencializada pelo grau de dispersão das elites políticas e culturais, alheias às ameaças externas, absortas e entretidas em permanentes disputas internas de poder residual. Nos Estados *síndicos da miséria*, tudo ou quase tudo traduz-se em divergência. A incapacidade passa a ser estrutural quando, demagogicamente, faculta-se a formação de múltiplos partidos políticos que conduzem à fragmentação ideológica permeável a conchavos, conluios e composições fisiológicas como causa e consequência de esgotamento e enfraquecimento do sistema democrático.

Observa-se que os Estados-nação de língua portuguesa são pródigos na proliferação de partidos políticos. Só para citar alguns exemplos: Moçambique, **61** partidos políticos; Brasil, **35** partidos políticos; Guiné-Equatorial, **18** partidos políticos; Angola, **11** partidos políticos. Se o número de partidos políticos servisse para atestar a higidez do sistema democrático, certamente, Moçambique seria exemplo de democracia, dentre os Estados-nação de língua portuguesa. A minha percepção, no entanto, é que a quantidade exacerbada de partidos políticos tem o potencial de diluir poder e, concomitantemente, dificultar a interlocução e a construção de consensos e, sem consensos mínimos, os Estados-nação arrastam-se em disputas internas intermináveis.

As disputas internas, por sua vez, deterioram o potencial de resposta dos Estados síndicos da miséria aos problemas fundamentais da sociedade. Ao lado dessa incapacidade interna para superar problemas e gerar perspectivas positivas para a multidão de miseráveis, submetida à soberania desses Estados-nação, sobrepõe-se uma força externa, organizada, forte, avassaladora inteiramente alheia ao interesse público, político e social e, portanto, também fora do controle jurisdicional ou dos órgãos internos de fiscalização. Assim configura-se, na prática, a *soberania secundária* dos Estados-nação-rótulo que são considerados no plano internacional, como *Estados síndicos da miséria.*

Essa margem de atuação residual dos Estados *síndicos da miséria*, é extremamente relevante para o sucesso e a desenvoltura do capital especulativo internacional como bem percebido por HARDT e NEGRI, 2000:

> As atividades das corporações já não são definidas pela imposição de comando abstrato e pela organização de simples roubo e de permuta desigual. Mais propriamente, elas estruturam e

articulam territórios e populações. Tendem a fazer dos Estados-Nações meramente instrumentos de registro do fluxo de mercadorias, dinheiro e populações que põem em movimento. As corporações transnacionais distribuem diretamente a força de trabalho pelos mercados, alocam recursos funcionalmente e organizam hierarquicamente os diversos setores mundiais de produção. O complexo aparelho que seleciona investimentos e dirige manobras *financeiras* e monetárias determina uma nova geografia do mercado mundial, ou, com efeito, a nova estruturação biopolítica do mundo.

A mais completa figura em nosso mundo é apresentado da perspectiva monetária. Para quê pode-se ver um Horizonte de valores e uma máquina de distribuição no mecanismo de economia e o meio de circulação no poder e uma linguagem. Não existe nada nenhuma vida nua e crua nenhum panorama exterior que possa ser proposto fora deste campo permeado pelo dinheiro nada escapa do dinheiro a produção e a reprodução são vestidas de trajes monetários de fato no palco global cada figura biopolítica parece envergando roupagem monetária acumular é o mesmo tempo Moisés e os profetas.

> As grandes potências industriais e financeiras produzem desse modo não apenas mercadorias, mas também subjetividades produzem subjetividades agência mais dentro do complexo Bio político produzem necessidades relações sociais corpos e mentes ou seja produzem produtores na esfera política a vida é levada a trabalhar para a produção e a produção é levada a trabalhar para a vida.

No rastro da exploração financeira globalmente organizada, em benefício de capital financeiro especulativo externo, via bolsas de valores e bancos multinacionais, surgem entidades internacionais caridosas para curar as chagas sociais e ministrar doses de esperança aos miseráveis e famintos, desamparados pela incompetência na ação política dos Estados-nação-rótulo. Essa situação vexatória é suportada pelos síndicos da miséria com abnegação, enquanto grupos internos de poder disputam a hegemonia do comando político dos territórios sob soberania secundária dos Estados-nação-rótulo. Esta situação é percebida com acuidade por (HARDT e NEGRI, 2000)

> As ONGs humanitárias são de fato (ainda que isso vai de encontro às intenções dos participantes) as mais poderosas armas de paz da nova ordem Mundial. As campanhas de caridade e ordens mendicantes do império. Essas zumbis móveis guerra justas sem armas sem violência

sem fronteiras como os domínios dominicanos do fim do período medieval e os Jesuítas da Alvorada da modernidade esses grupos lutam para identificar necessidades universais de direitos humanos por meio da sua linguagem desfaçam eles primeiro definir o inimigo com privação na esperança de impedir grandes perdas e depois reconhece o inimigo como pecado.

O capital financeiro especulativo (internacional) e as ONGs caridosas, (internacionais), como almas gêmeas, estão fora do alcance da soberania dos Estados-nação-rótulo e atuam, compensatoriamente, como algozes vorazes (de um lado) e benfeitoras piedosas (do outro lado) contando com a conivência e omissão deliberada da elite política e cultural incapaz de reagir ao vexame coletivo, entretida com o exercício de soberania secundária, em voraz disputa de "poder" para comandar os Estados síndicos da miséria. Homens, mulheres e crianças miseráveis, enfermas e famintas são expostas em *propagandas humanitárias* impactantes com pedido de socorro. A situação criada e recriada é de plena e inquestionável emergência. O vexame é constrangedor até para quem está distante, mas a intenção é esta mesma: constranger a todos, (seres humanos miseráveis em exposição degradante amparados por doadores piedosos), e, mediante este método degradante e extremo, geraram-se recursos financeiros a partir do sentimento coletivo de piedade.

Neste cenário de miséria estrutural e endêmica, caberia - *segundo a tese do mandado de otimização* - aos Estados-nação, por seus Tribunais Constitucionais, sopesar princípios constitucionais em conflito entre a dignidade humana e a concentração de poder e riqueza. Lamentavelmente, o que se percebe é que nos Estados-nação-rótulo o conflito entre o direito fundamental à dignidade humana, sempre cede, diante dos demais interesses de grupos hegemônicos, simplesmente porque, ao contrário do que ditam as "Cartas Magnas", o direito fundamental à dignidade humana está fora do alcance do Estado-nação-rótulo, assim como o Sistema Jurídico Interno está desengatado da moral.

Vejamos o que está fixado nas "Cartas Magnas" dos Estados-nação de língua portuguesa, em relação à prevalência e respeito à dignidade humana.

Angola:

> Art. 31. 2. O Estado respeita e protege a pessoa e a **dignidade humanas**.

Brasil:

> Art. 1º A República Federativa do Brasil, formada pela união indissolúvel dos Estados e Municípios e do Distrito Federal, constitui-se em Estado Democrático de Direito e tem como

fundamentos: [...]. III - a **dignidade da pessoa humana**;

Cabo Verde:

Art. 1º. 1. Cabo Verde é uma República soberana, unitária e democrática, que garante o respeito pela **dignidade da pessoa humana** e reconhece a inviolabilidade e inalienabilidade dos Direitos do Homem como fundamento de toda a comunidade humana, da paz e da justiça.

Guiné-Bissau:

Art. 17 - E **imperativo fundamental do Estado** criar e promover as condições favoráveis à preservação da identidade cultural, como suporte da consciência e dignidade nacionais e fator estimulante do desenvolvimento harmonioso da sociedade. 0 Estado preserva e defende o património cultural do povo, cuja valorização deve servir o progresso e a salvaguarda da **dignidade humana**.

Guiné Equatorial:

Art. 5º. Los fundamentos de la sociedad ecuatoguineana son: a) El respeto a la persona humana, a su **dignidad** y libertad, y demás derechos fundamentales.

Moçambique:

Art. 48. 6. O exercício dos direitos e liberdades referidos neste artigo é regulado por lei com base nos imperativos do respeito pela Constituição e pela **dignidade da pessoa humana**.

Portugal:

Art. 1º. Portugal é uma República soberana, baseada na **dignidade da pessoa humana** e na vontade popular e empenhada na construção de uma sociedade livre, justa e solidária.

São Tomé e Príncipe:

Art. 123. As audiências dos tribunais são públicas, salvo quando o próprio tribunal decidir o contrário, em despacho fundamentado, para salvaguarda da **dignidade das pessoas** e da moral pública ou para garantir o seu normal funcionamento.

Timor Leste:

> Art. 1º. 1. A República Democrática de Timor-Leste é um Estado de direito democrático, soberano, independente e unitário, baseado na vontade popular e no respeito pela **dignidade da pessoa humana**.

Como acabei de registrar, mediante transcrição de textos constitucionais, todos os Estados-nação de língua portuguesa, consagram lugar de destaque à **dignidade humana**. Quanto à correlação entre dignidade humana e cidadania, é relevante revisitar Habermas:

> A dignidade humana é um sismógrafo que indica o que é constitutivo para uma ordem jurídica democrática - a saber, precisamente os direitos que os cidadãos de uma comunidade política devem se dar, para poderem se respeitar reciprocamente como membros de uma associação voluntária de pessoas livres e iguais. Somente a garantia destes direitos humanos cria o status de cidadãos que, como sujeitos de direitos iguais, pretendem ser respeitados em sua dignidade humana. [...]. A ideia da dignidade humana é a dobradiça conceitual que conecta a moral do respeito igual por cada um como

> direito positivo e com a legislação democrática de tal modo que, na sua cooperação sobre circunstâncias históricas favoráveis, pode emergir uma ordem política fundamentada nos direitos humanos. (HABERMAS, 2012, p. 17/18).

Apesar dos registros constitucionais em relação à relevância da dignidade humana e da sua correlação com a construção dos Estados democráticos, parece elementar perceber que este tema essencial para ao fortalecimento da cidadania, jamais alcança o patamar de mandados de otimização e, portanto, a tese de Dworkin e Alexy sequer é enfrentada pelas Cortes Supremas, por duas razões muito simples: o poder judiciário é inerte, (isto é, só reage quando demandado) e a soberania dos Estados-nação-rótulo é meramente residual e secundária, (poder para controlar e punir travessuras internas).

Diante destas inegáveis limitações políticas, históricas, facilmente observáveis, uma imensa legião de cidadãos miseráveis, submetem-se, sem qualquer perspectiva de resgate, aos Estados-nação-rótulo, instituídos como síndicos da miséria com uma relevante missão na ordem internacional das nações, liberar o fluxo de capital especulativo e predatório e, ao mesmo tempo, reprimir e punir transgressões, no âmbito interno com *exercício pleno* de soberania meramente *residual e secundária*, tal como percebe BAUMAN:

> ... a inclinação do Estado enfraquecido a passar muitos das suas funções e prerrogativas para os lados, e não para cima, cedendo aos poderes impessoais dos mercados ou a rendição cada vez mais abrangente do Estado à chantagem das forças do mercado, contrariando as políticos preferidas endossados por seu eleitorado e tomando dos cidadãos o *status* de poder de referência e árbitro final das propriedades políticas.
>
> O resultado dessa segunda tendência é a gradual separação entre o *poder de agir,* que agora flutua na direção dos mercados, e a *política,* que, embora continue a ser domínio do Estado é cada vez mais despida de sua liberdade de manobra e de seu poder de estabelecer regras e apitar o jogo. Essa é com certeza a principal causa da erosão da soberania do Estado. Ainda que órgãos do Estado continuem a articular divulgar e executar as sentenças de exclusão ou expulsão eles não têm mais a liberdade de escolher os cenários da "política de exclusão" ou os princípios de sua aplicação. O Estado como um todo, incluindo seus braços jurídico e legislativo, torna-se um executor da soberania do mercado. (BAUMAN, Vida para Consumo, p. 87).

Muitos dirão que o Estado-nação tem múltiplas atribuições e tem coisas mais importantes para cuidar.

Mas o que pode ser mais importante do que cumprir **objetivos fundamentais**? O que significa para o Estado-nação descumprir o seu dever fundamental? Qual a origem dos deveres fundamentais do Estado-nação? Como as Supremas Cortes destes Estados-nação deveriam atuar?

Para responder estas indagações, torna-se necessário, adentrar brevemente na teoria constitucionalista e o farei, tão somente para delinear períodos históricos e resgatar o essencial quanto ao entendimento sobre três fases históricas bem definidas: constitucionalismo antigo, moderno e contemporâneo.

Ao finalizarmos esta breve incursão seremos capazes de entender porque o núcleo da relação do Estado com a cidadania está fixado em todas as constituições formais, como cláusulas pétreas, entendidas estas, como objetivos fundamentais do Estado-nação.

Antes, no entanto, farei uma breve análise sobre o aprisionamento dos Estados-nação-rótulo na incômoda e desconfortável posição de síndicos da miséria envolvidos permanentemente em questões de vida ou morte.

No meu entendimento, as questões de vida ou morte são construções coletivas que conduzem a um inevitável afunilamento. Esse afunilamento funciona assim: a cidadania-regra despreza princípios morais e busca soluções mágicas para problemas complexos; os representantes eleitos pela cidadania-regra seguem o padrão de busca de resultados a qualquer custo e com isto degradam a capacidade de planejamento e organização do Estado-nação; perante o Estado-nação, imprevidente e impotente, a solução imediata e de fácil implementação é modificar o sistema normativo interno, a começar pela flexibilização da denominada "Carta Magna". Por padrão, nenhuma legislação é feita para durar.

O Estado-nação-rótulo, síndicos da miséria, por seus representantes eleitos, tomam consciência da suas limitações e restringem a suas atuações políticas a um movimento de efeito circular permanente que pode ser assim resumido, como um padrão com grau variáveis de oscilação: o Governo anterior cometeu erros que agora vamos corrigir, (o discurso político está mais ou menos pronto, basta demonstrá-lo com fatos); o Estado-nação precisa flexibilizar a legislação com urgência, (o Estado-nação puxa para si a questão de vida ou morte); os Governos envolvem-se em pautas imediatas que passam a justificar a existência dos Estados-nação-rótulo, embevecidos com o mesmo padrão de urgência. Os síndicos da miséria estão, portanto, aprisionados na mesma teia que aprisiona a cidadania-regra e passam a *governar* a emergência. O Estado síndico da miséria é incapaz de planejar e de pensar soluções para problemas estruturais ou conjunturais de médio e longo prazos.

Toda a estrutura do Estado-nação-rótulo é montada e desmontada para o delírio de torcidas que se formam em torno de ideias e correntes políticas antagônicas. Enquanto essa diversão se aprofunda os Estados-nação-rótulo seguem sem projeto de nação, sem visão de futuro, sem planejamento, sem perspectivas. Tudo se resume a discutir e trocar insultos em torno de problemas atuais e emergenciais.

Creio que se pode diferenciar o cenário e as perspectivas de enfrentamento dos problemas estruturais dos Estados-nação a partir da superestrutura normativa representada por suas respectivas constituições ou "Cartas Magnas". Início, portanto, esta breve abordagem fazendo uma diferenciação conceitual e sobretudo histórica sobre o conceito de constituição, diferenciando-as em: antigas, modernas e contemporâneas.

O alerta de BOBBIO, precisa ser observado:

> O fato histórico que constitui a causa imediata do positivismo jurídico deve, ao contrário, ser investigado nas grandes codificações ocorridas entre o fim do século XVIII e o início do século XIX, que representaram a realização política do princípio da onipotência do legislador. Frente a este movimento, a escola histórica assume uma posição de clara hostilidade, [...]. As codificações representam o resultado de uma longa batalha

conduzida, na segunda metade do século XVIII, por um movimento político-cultural francamente iluminista, que realizou aquilo que podemos chamar de a "positivação do direito natural". Segundo este movimento, o direito é expressão ao mesmo tempo da autoridade e da razão. É expressão da autoridade visto que não é eficaz, não vale se não for posto e feito valer pelo Estado (e precisamente nisto pode-se identificar no movimento pela codificação uma raiz do positivismo jurídico); mas o direito posto pelo Estado não é fruto de mera arbitrariedade, ao contrário é a expressão da própria razão (da razão do príncipe e da razão dos "filósofos", isto é, dos doutos que o legislador deve consultar).

Historicamente, constatam-se três fases do movimento constitucionalista.

O período denominado **constitucionalismo antigo** tem suas longínquas bases no povo hebreu, que fixava limitações, *ainda que tímidas*, ao poder político dos Estados fundamentados na religião: os denominados Estados teocráticos.

No final do século XVIII, com o surgimento de ideias revolucionárias inicia-se o, o movimento denominado **constitucionalismo moderno** com o propósito de limitar o poder estatal absoluto. Os mais destacados representantes deste movimento são as

Constituições dos Estados Unidos da América (1787) e da França (1791). As ideias revolucionárias rompem o arbítrio do Estado Absolutista, ("*O Estado sou eu*". Luís XIV, França, o Rei Sol) para viabilizar um novo modelo de Estado de base liberal, também chamado Estado Moderno.

O constitucionalismo moderno constitui-se, como movimento político, jurídico e ideológico que idealizou a estruturação do Estado Liberal (burguês) e a limitação do exercício de seu poder, concretizadas pela elaboração de uma Constituição escrita e rígida destinada a representar sua lei fundamental.

O conteúdo dessas Constituições (modernas) resumia-se a fixar normas sobre organização do Estado, exercício e da limitação do poder estatal, direitos e garantias fundamentais dos indivíduos e separação dos poderes. Esta fase do constitucionalismo moderno corresponde à consolidação da primeira geração dos direitos fundamentais ligados ao ideal de liberdade (direitos civis e políticos).

No início do século XX, inaugura-se a fase do **constitucionalismo contemporâneo** como resposta ao agravamento da guerra ideológica entre capitalismo e socialismo. A partir de então, desenvolveu-se a segunda geração dos direitos fundamentais, especialmente com o surgimento da Constituição Mexicana de 1917 e da Constituição Alemã de 1919 (chamada de Constituição de Weimar), que consagraram os direitos sociais, econômicos e culturais, pautados no ideal da igualdade (material). Os Estados-nação credenciam-se a intervir na economia mediante políticas públicas tendentes a garantir a fruição de direitos como a saúde, a moradia, a previdência, a educação.

A conjugação do ideário da Revolução Francesa, (1789-1799) com o fenômeno da comunicação, em massa, (1919, era do rádio) formam e difundem um mantra, *liberdade, igualdade, fraternidade* a embalar o sonho utópico da democracia aos quatro cantos do mundo. O que faltava veio com o surgimento do positivismo jurídico, (Hans Kelsen, 1934) a ser encampado por Estados-nação, ditos soberanos, guiados por Constituições Contemporâneas.

Com esses ingredientes aparentemente firmes e consolidados, foram substituídos o império do Rei, pelo império da Lei e o poder de Deus, pelo poder do Povo. Com a doutrina iluminista, a defesa da liberdade individual, transforma o Direito em instrumento de atuação política na construção do Estado liberal e laico. Nada poderia ser mais relevante, neste contexto que a construção e sedimentação do conceito de democracia como método de escolha dos Governantes.

Na sua essência conceitual e utópica, como bem conceituou Abraham Lincoln, "a democracia é o governo do povo, pelo povo e para o povo". Ainda que tomemos esta expressão como indicativa de reverência e reconhecimento de poder do povo, (capitalismo) em substituição ao poder de Deus, (feudalismo), a democracia como processo de escolha que é, necessita de algo a mais para qualificar **povo**. Povo é conceito jurídico-formal, (positivismo jurídico) para contrastar com população, conceito demográfico e numérico.

Povo é, portanto, o conceito jurídico-formal abrangente, como elemento constitutivo do Estado-nação, juntamente com outros dois elementos: território e governo soberano.

Neste conceito abrangente de povo cabe tudo: **povo-rebanho**, é o povo seguidor de correntes, vota sempre com a maioria, exerce o voto como forma de aceitação em tribos ou grupos, caracteriza-se mais pela apatia e pela alienação política do que pelo interesse material imediato; **povo-cliente**, carente de soluções fáceis, pessoais, criativas e isoladas, habilmente utilizadas por políticos-de-varejo ou político-faz-tudo, eleito e reeleito por eleitores satisfeitos com o atendimento de interesse pessoal imediato, à custa de pequenas manobras e favores do poder público; **povo-massa-de-manobra**, a este corresponde o político rouba-mas-faz quase sempre político-empresário em busca de dotar o serviço público de eficiência, custe o que custar e doa a quem doer; **povão**, conceito pejorativo de povo desqualificado, ignorante pouco afeito ao diálogo.

Neste conceito alargado, povo é um elemento formado por subjetividades atomizadas, embevecidas pelo engodo da auto liberdade extrema, guiada por objetivos imediatos, sem limites e sem respeito a nada. A este elemento povo-atomizado, corresponde o quase-Estado, o Estado-nação-rótulo, resultante direto e em gradações diversas das democracias-placebo.

Como parece intuitivo perceber, cada Estado-nação é permeado por substrato cultural. Povo e governo soberano, são elementos culturais autocondicionastes à qualificação do Estado-nação: povo amoral, Estado amoral; povo-corrupto, Estado-corrupto; povo-sem-princípios, Estado-sem-princípios. Estas são expressões tomadas ao extremo. Desnecessário dizer, mas entre extremos existe uma infinidade de gradações.

Por isso, deixo a você, caro leitor, a incumbência de exercer a sua crítica sobre o Estado-nação que você e os seus compatriotas constroem submetidos à sua história, ao seu território, (elemento físico) mas, sobretudo, aos princípios morais e éticos que estão incrustados na índole do seu povo. Porque, ao final, no decorrer do processo histórico, como um determinismo pré-anunciado, virtudes e vícios, vão eclodir nas ações concretas do dia a dia, e - *ao final das contas* - consubstanciam-se na vida real como *realizações exitosas* ou como *frustrações vexatórias.* Sabemos, todos, que é no presente que se constrói o futuro. A sedução por atalhos morais mostra-se, historicamente, autodestrutivos.

Considerações finais

Eis a razão do subtítulo deste livro: "Democracia-placebo, nos tempos das 'fake news' e das redes sociais." Ao final da leitura, espero que você tenha compreendido o essencial. O exercício responsável da cidadania pode e deve respaldar-se em princípios. A internalização de princípios morais e éticos deve dar-se no âmbito da sociedade civil. Para que isto aconteça a cidadania precisa qualificar-se como cidadania-princípio e, a partir daí, assumir o papel de *ator principal* na condução dos destinos dos Estados-nação.

Parece cada vez mais evidente que as redes sociais atuarão como instrumentos de democracia direta, e, desta forma, estão propensas a forçar o aprimoramento, gradativo das mídias convencionais - *que em geral e historicamente* - induzem, respaldam, ocultam e, quase sempre, alimentam-se e são alimentadas por Estados e Governos corruptos.

Sem o concerto, proposto ao longo deste livro, a democracia e os Estados-nação continuarão no caminho traçado pela Teoria Pura do Direito, desengatada da moral, com sua constituição formal (folha de papel) e continuarão sendo, como até aqui são: Estados-nação-rótulo, experimentos risíveis da democracia-placebo que caracteriza-se, sobretudo, pela improvisação e emergencialidade na solução de problemas de curto prazo, sem aptidão para agir com o cérebro. Até porque, o cérebro da democracia-placebo é permanentemente atrofiado pelo desmonte das estruturas de Estado, encarregadas de pesquisa, planejamento e gestão de médio e longo prazos.

Pretender-se que os Estados-nação atuem como centro de irradiação de princípios morais a serem fixados no substrato social de onde deveriam originar-se é, no mínimo, uma inversão lógica, pois os Estados-nação são meros entes fictícios sem qualquer força anímica. Por seu turno os agentes políticos, eleitos ou nomeados, advêm - *como é intuitivo perceber* - da sociedade civil e dela (sociedade civil) reproduzem mais os vícios do que as virtudes.

A sociedade civil, por seu turno, está impregnada de um vício que se repete e parece propenso a perpetuar-se. Refiro-me, especificamente, ao que designo por alguns conceitos apresentados e discutidos neste livro. Estou convencido que o ciclo vicioso inicia-se com o que denomino cidadão-moldável, (um sujeito social e político), ávido por atendimento de interesses pessoais imediatos. Esse imediatismo, como elemento do cotidiano, justifica, perante os cidadãos moldáveis, reivindicações urgentes que se formulam como questões de vida ou morte.

As questões de vida ou morte, por sua vez, forjam um coletivo momentâneo, disperso e difuso, difícil de captar-se e de perceber-se que designo por cidadania-regra. A partir deste patamar político, a preponderância da cidadania-regra compromete - *como causa e efeito* - a higidez da atividade dos agentes políticos que são eleitos para satisfazer interesses imediatos. Esses agentes políticos eleitos, por sua vez, formam outro coletivo, os partidos de centro, que tal como o cidadão-moldável, (sujeito individual) e a cidadania-regra (ser coletivo intersubjetivo) definem a formação de partidos e coligações partidárias, (desprovidos de ideologia), ávidas pela busca de eficiência. A eficiência desses agentes políticos mede-se por resultados imediatos, em resposta às questões de vida ou morte. Tudo fica circunscrito problemas imediatos e a soluções de curto prazo, (questões de vida ou morte). Com este sistema de amarras e articulações subjetivas e intersubjetivas a cidadania-regra define a pauta política e dita o andar de todo o sistema jurídico interno, em permanente mutação.

Imperativos hipotéticos passam a ser parâmetros de busca para resultados imediatos. Os objetivos dos Estados-nação restringem-se a resolver questões de curto prazo. O denominado princípio da eficiência, nos Estados-nação prepondera, sempre, sobre o princípio da moralidade. Para alcançar resultados, (eficiência), muda-se a legislação continuamente, como forma de flexibilizar e afrouxar limites e parâmetros contrários a interesses momentâneos, geralmente urgentes.

Com o encadeamento dos procedimentos sociais e políticos precedentes, percebo o surgimento do que denomino Estados-nação-rótulo, como uma espécie de ente internacional submetido ao imediatismo e às soluções de curto prazo. Nesta perspectiva os Estado-nação-rótulo constituem-se como "Estados soberanos" com função precípua de síndicos da miséria, retendo sua cidadania em territórios vazios de poder e de riqueza, enquanto o capital financeiro internacional circula livremente exaurindo as possibilidades de construção social e política. Com o ciclo vicioso da pobreza repetem-se: situações emergenciais, (quase permanentes); cidadãos-moldáveis, (em busca de soluções de vida ou morte); cidadania-regra, (ser coletivo difuso e circunstancial), incapaz de reivindicar soluções de interesse coletivo de médio e longo prazos.

No seio da sociedade civil, no mesmo território de exercício da cidadania, convivem pessoas jurídicas, entes fictícios, formatados com outro propósito: prover bens e serviços, mediante obtenção de lucro. Estes dois mundos imbricados estão teoricamente submetidos à soberania do Estado-nação. São dois mundos em permanente tensão. O Estado-nação recebe poder da cidadania, que o exerce mediante Governos, periodicamente eleitos. O segmento econômico, formado por pessoas fictícias, ditam, em todos os termos, os limites do poder do Estado-nação-rótulo. A correia de transmissão do poder funciona da seguinte forma: o poder econômico manipula, ao mesmo tempo, o Estado-nação-rótulo e a cidadania-regra mediante um mecanismo aceito por todos e justificado pelo Sistema Jurídico Interno. Quando as leis constituem-se em potenciais entraves, o poder econômico-financeiro age, por seus tentáculos, para alterar as leis e tudo continua perfeitamente justificado.

A esta justificação do Estado-nação-rótulo denomina-se ação política. E, a ação política, por sua vez, é também uma mercadoria, um produto destinado a satisfazer a cidadania-regra e ao cidadão-moldável. Como mercadoria, a ação política está marcada pelo crivo midiático. O indivíduo elegível é, em geral, apto a vender-se como produto adequado a responder demandas específicas e de curto prazo. A classe política, para amoldar-se aos anseios da cidadania-regra, deve sobretudo demonstrar aptidão e "sensibilidade social" para a resolução de problemas de vida ou morte. Ditados pela urgência e emergência, todo o aparato normativo e a própria "Carta Magna" estão submetidas a revisões permanentes.

Para atender a situações flexíveis, o indivíduo elegível deve ser, moralmente moldável. A rigidez moral, a inflexibilidade, constitui-se em sério obstáculo para a permanência na vida política. Os políticos bem-sucedidos, em geral, permanecem em atividade por longos períodos e fazem da sua clã, (esposa, filhos, netos, irmãos, etc.) políticos igualmente bem-sucedidos com a mesma característica: pessoas desprovidas de princípios morais, afeitas a satisfazer demandas da cidadania-regra, alheias a debates ideológicos, aprisionadas a questões concretas, justificadas pela imediatidade das questões de vida ou morte.

O enfraquecimento do Estado-nação e a sua inaptidão política para sair do aprisionamento das questões prementes de vida ou morte, tolhem a capacidade das elites envolvidas em disputas internas intermináveis enquanto o capital financeiro especulativo e as ONGs piedosas, complementam o quadro de devastação *coerentemente organizado* e *plenamente justificado* para transformar os Estados-nação-rótulo em síndicos da miséria, com soberania secundária para controlar e punir cidadãos miseráveis, reter fluxos migratórios e promover a liberação do mercado. A fase é de mais mercado e menos Estado.

O cidadão - *mesmo perante o Estado* - é assim considerado e torna-se um medíocre consumidor de serviços públicos. Sem perspectivas, os cidadãos mais jovens ou melhor qualificados, tentam fugir da miséria estrutural e endêmica e encontram barreiras culturais, linguísticas e físicas. Só os mais qualificados rompem esses obstáculos. Em resumo, os síndicos da miséria, neste quadro de premência extrema perdem cérebros. Os cidadãos mais aptos, mais arrojados ou mais qualificados fogem o quanto podem da situação de miséria e ausência de perspectiva.

As indagações são quase inevitáveis: porque os Estados síndicos da miséria insistem em copiar modelos externos e permanecem em estágios de completo atraso em relação aos seus potenciais de auto-organização? Porque os Estado-nação-rótulo submetem-se de forma tão subalterna e vexatória às forças de mercado? Porque a desorganização social e política é permanente e preponderante frente ao esvaziamento dos Estados-nação-rótulo?

Certamente, a conduta de esperteza que seduz a cidadania-regra é o principal componente do atraso civilizatório e da pobreza estrutural e endêmica. Certamente, as mídias e as redes sociais, são elementos novos, como armas que destroem as hipocrisias e as mazelas morais e vão nos expondo, crescentemente, ao ridículo. Torna-se relevante reforçar o imperativo categórico ou a sustentabilidade das ações subjetivas e intersubjetivas, sob pena do completo desmoronamento do estágio político que designo como democracias-placebo em permanente e crescente construção do estágio econômico que designo como Estados síndicos da miséria, complacentes com a especulação financeira, *(destrutiva e predatória)*, e, *(em sentido complementar e compensatório)*, tolerante com a exposição de crianças desnutridas e enfermas expostas à dependência de organizações piedosas internacionais.

Destruir a economia e socorrer os miseráveis, tal como náufragos, retidos em territórios vazios de poder e de riqueza ... Socorrer, os miseráveis e destruir, a economia … Eis, na essência, o *poder* dos Estados síndicos da miséria, no exercício de soberania residual e secundária ... Eis, na essência, o conceito e o processo de construção da democracia-placebo...

... ***ad perpetuum***...

Referências

1. ALEXY, Robert. ***Teoria dos direitos fundamentais***. Trad. de Virgílio Afonso da Silva. São Paulo: Malheiros, 2006.
2. APEL. Karl-Otto, *In*: ***Com Habermas, contra Habermas***. Direito, Discurso e Democracia. São Paulo, Landy, 2004
3. Banco Mundial, ***Relatório 2018***, *Piecing together. THE POVERTY PUZZLE.*
4. BAUMAN, Zygmunt. ***Em Busca da Política.*** *Rio de Janeiro, Editora Zahar, 1999.*
5. ----------, ***Vida para Consumo****: a transformação das pessoas em mercadorias.* Rio de Janeiro: Jorge Zahar Ed., 2007.
6. ----------, ***Globalização: as consequências humanas***. *Rio de Janeiro. Jorge Zahar Ed., 1999.*
7. BARBOSA. Ruy, in ***Discursos Parlamentares*** - Obras Completas, Vol. XLI - 1914 - TOMO III - pág. 86/87.
8. BOBBIO, Norberto. **O Positivismo Jurídico: Lições de Filosofia do Direito**. Tradução Márcio Pugliesi; Edson Bini; Carlos E. Rodrigues. São Paulo: Ícone, 1995.
9. CASTELLS, Manuel. ***A sociedade em rede***. São Paulo: Paz e Terra. 1999. v. 1.

10. *COMTE,* Auguste. ***Discurso sobre o espírito positivo***. Tradução de José Arthur Giannotti. 2.ed. São Paulo: Abril Cultural, 1983.
11. ----------, ***La Science Sociale***. France: Gallimard, 1972.
12. *DWORKIN, Ronald.* ***O império do direito***. *São Paulo: Martins Fontes, 1999.*
13. ----------, ***Levando os direitos a sério***. *Trad. de Nelson Boeira. 2. ed. São Paulo: Martins Fontes, 2007.*
14. ----------, ***A raposa e o porco-espinho***. Justiça e Valor. Tradução Marcelo Brandão Cipolla, São Paulo Ed. WMF Martins Fontes, 2014.
15. NEGRI. Antonio, HARDT. Michael, ***Império.*** Tradução de Berílio Vargas. Rio de Janeiro. Record. 2003.
16. SANTOS, Boaventura de Sousa (Org.). ***Democratizar a democracia***. Rio de Janeiro: Civilização Brasileira, 2002.
17. KANT, Immanuel. **Fundamentação da Metafísica dos Costumes**, (edição alemã, 1785), traduzido para o português, por Paulo Quintela, Areal Editores (2005). Portugal.
18. KELSEN. Hans, in ***Teoria Pura do Direito,*** tradução João Baptista Machado. 6ª ed. - São Paulo: Martins Fontes, 1998.
19. LIPOVETSTY, Gilles. ***A era do vazio***: ensaios sobre o individualismo contemporâneo" (1983). Trad. T. M. Deutsch. Barueri: Manole, 2005.

20. CANOTILHO, José Joaquim Gomes. *in* ***Direito constitucional e teoria da constituição***. 5. ed. Coimbra: Almedina, 2002.
21. SANDRO POZZI/ANTONIA LABORDE *in* ***Retórica de confronto que elegeu Trump fica em xeque com déficit na balança e migração.*** *Acessível em https://brasil.elpais.com/brasil*
22. TOCQUEVILLE, Alexis de. ***A democracia na América***. São Paulo: Martins Fontes, 1998.
23. WEBER, Max. ***A política como vocação*** *in Sociologia e política: duas vocações*. São Paulo, Cultrix, 1985
24. www.wikipedia.com
25. www.governo.gov.ao/Constituicao.aspx - **Constituição de Angola**.
26. www.planalto.gov.br/ccivil_03/constituicao/constituicao.htm - **Constituição do Brasil**.
27. www.cabri-sbo.org/pt/documents/constitution-of-the-republic-of-cape-verde. **Constituição de Cabo Verde**.
28. www.parlamento.gw/leis/constituicao/constituicaoguine.pdf/ **Constituição de Guiné-Bissau**
29. www.cabri-sbo.org/pt/documents/ley-fundamental-de-guinea-ecuatorial **Constituição de Guiné Equatorial**
30. www.portaldogoverno.gov.mz/por/Governo/Legislacao/Constituicao-da-Republica-de-Mocambique **Constituição de Moçambique**

31. www.parlamento.pt/Legislacao/Paginas/ConstituicaoRepublicaPortuguesa.aspx **Constituição de Portugal.**
32. www2.camara.leg.br/saotomeeprincipe/constituicao **Constituição de São Tomé e Príncipe.**
33. www.parlamento.tl/sites/default/files/parlamento.tl/docs/Legislacao%20Relevante/constituisaun%20RDTL/C-RDTL.pdf **Constituição de Timor Leste.**

www.ingramcontent.com/pod-product-compliance
Lightning Source LLC
Chambersburg PA
CBHW051344280526
45784CB00007B/2811

* 9 7 8 1 0 9 7 4 8 5 4 3 7 *